인도네시아
그 섬에서
멈추다

인도네시아 그 섬에서 멈추다

초판인쇄 2014년 3월 6일
초판발행 2014년 3월 6일

지은이 김성월
펴낸이 채종준
기 획 이혜지
편 집 한지은
디자인 이명옥
마케팅 송대호

펴낸곳 한국학술정보(주)
주소 경기도 파주시 회동길 230(문발동)
전화 031) 908-3181(대표)
팩스 031) 908-3189
홈페이지 http://ebook.kstudy.com
E-mail 출판사업부 publish@kstudy.com
등록 제일산-115호(2000. 6. 19)

ISBN 978-89-268-6117-2 03910

이담
Books 는 한국학술정보(주)의 지식실용서 브랜드입니다.

가 도 가 도 끝 이 없 고
봐 도 봐 도 볼 게 많 은

인도네시아
그 섬에서
멈추다

김성월 지음

이담
Books

김성월 코디님과 함께 인도네시아를 구석구석 여행했던 일은 착한 땅, 좋은 사람들을 온전히 느낄 수 있어서 오래도록 잊을 수 없는 경험이 되었어요. 이 책을 통해 인도네시아를 사랑하는 그녀의 순수하고 아름다운 마음이 널리 은은하게 퍼질 수 있기를 그 누구보다 간절히 바라는 마음입니다.

- 배우 조여정

책 속의 사진을 보니 촬영 때 기억이 새록새록 납니다. 김성월 님과 함께한 인도네시아 여행은 평생 못 잊을 것 같아예. 정말 인도네시아에 대한 애정이나 그 나라 사람들의 모습 하나하나를 관심 깊게 보시고 어울리시는 모습을 보면서 '참 좋은 사람이다' 생각을 했었거든예. 섬의 나라 인도네시아! 사람 사는 이야기가 궁금하신 분께 이 책을 소개하고 싶네예~

- 방송인 로버트 할리

현대와 원시가 공존하는 인도네시아에서 한국 아줌마 김성월 씨가 수백 회에 걸쳐 취재한 원시지역과 원형사진의 이야기가 이 책에 고스란히 담겨져 있습니다. 취재현장에서 머리가 깨지고 인대가 끊어져 몸에 수술자국이 가득해도 현장에 있을 때가 제일 신나고 행복하다는 김성월 씨. '작은 아마조네스 여전사'를 보는 듯합니다. 김성월 씨의 전리품인 이 책을 읽을 때 '아 그렇구나!'라는 감탄사와 함께 즐겁고 행복해질 것입니다.

- PT. Kideco Jaya Agung 대표이사 김달수

한반도 고인돌의 비밀을 풀기 위해 찾은 인도네시아 숨바 섬 촬영은 힘든 여정에도 불구하고 멋진 추억을 남겨주었습니다. 인도네시아는 생각보다 훨씬 많은 얼굴을 보여주는 아름다운 땅이더군요. 순박한 사람들, 원시의 열정, 빈탕맥주와 삼발의 맛… 그리고 인도네시아를 사랑하는 코디네이터 김성월 씨. 인도네시아에 무한 애정을 가진 그녀의 아름다운 도전을 응원합니다.

- KBS 기획제작국 나원식 PD

넓디넓은 인도네시아 구석구석을 발로 뛰고, 그들과 호흡하며, 함께 앉아 밥을 나눠 먹으며 얻은 귀한 이야기! 그저 여행자로 겉만 보고 느낀 이야기가 아닌 살아 숨 쉬는 인도네시아의 삶이 보입니다. 최고의 방송 코디네이터인 김성월 작가의 이번 두 번째 책은 우리에게 마치 현지에 와 있는 경험을 선사하게 될 것입니다.

- KBS 기획제작국 김승욱 PD

작가의 말

아침 햇살이 내 방을 비출 때면 벽에 걸려 있는 인도네시아 지도가 환하게 빛난다.

넓고 재미있게 생긴 섬들이 엉켜 있는 걸 바라보기만 해도 내 마음은 이미 섬에서 섬으로 건너가고 있다. 아직 가보지 못한 곳을 보면 내가 빨리 가지 않으면 작은 섬이 바다로 떠내려가버릴 것만 같아 마음이 바빠지고, 이미 다녀온 곳에 꽂힌 압정을 만지면 나를 부르던 그곳 사람들의 목소리가 들리고 음식 냄새가 난다. 좋은 촬영을 위해 함께 고민하고 찡그리며 울고 웃던 그 가무잡잡한 얼굴들과 맞대고 빚어냈던 일들이 어제 다녀온 것처럼 생생하다.

수마트라에서 밤새도록 배 타고 또 쪽배 타고 샛강을 건너 진흙산길을 두 시간 걸어갔고, 잘 곳이 없던 산속에서 온몸에 문신이 그려진 부족들과 며칠을 마룻바닥에서 잤던 일, 뿐짝에서 기사의 졸음운전으로 얼굴이 피범벅 된 채 가랑비 맞으며 오토바이 타고 보건소로 갔더니 내 머리가 한 뼘이나 깨졌다고 했던 일…… 당시 앰뷸런스를 타고 인근병원으로 가면서 도로의 교통을 원활하게 해 달라며 간절하게 기도했고 허름한 수술실에 누워 의사에게 "편안한 마음으로 잘 꿰매 달라" 부탁했던 일은 내 평생 잊지 못할 것이다.

한번은 족자에서 센 파도가 등을 치는 바람에 바위에 넘어져 턱이 찢어졌고 찢어진 턱을 손수건으로 묶어서 촬영하기도 했다. 그 현장을 방송으로 내보낸 PD 덕분에 수시로 상처가 괜찮은지 물어오는 지인들, 브로모화산에서 말에서 떨어져 거의 실신했던 일, 반다 섬에서 인대 끊어진 발목 질질 끌며 자카르타로 돌아 왔던 기나긴 하루, 숨바섬에서 한밤중에 초상집을 나오다 진흙탕에 미끄러져 현지인에게 업혀 호텔로 갔던 일, 넘어지고 다쳐서 현지인들에게 도움 받았던 일이 수십 번이나 된다.

내가 넘어졌을 때 손을 잡아 주고 목이 마르다면 야자를 따 주고 시장기가 돌 때면 '숟가락 없이 미안하다'며 바나나 잎에 포장된 밥을 함께 나눠 먹었던 오지 사람들, 그들의 풍습과 문화 속에 내가 지닌 문화를 맞물려가며 살아 있는 현장을 촬영하였던 일들을 내가 어찌 그냥 추억으로만 간직한단 말인가.

나는 말하고 싶다. 옛 고향의 숨결을 느낄 수 있는 오지 사람들은 꼭 만나나 볼만하고 아름다운 섬들이 바둑알처럼 놓여 있어 '한번쯤은 꼭 여행가야 할 나라' 인도네시아!

나의 두 번째 책은 적도의 태양을 머리에 이고 다니던 나의 열정과 인도네시아 사람들의 희로애락으로 버물려 놓은 현장으로 낮의 구름과 사막의 별빛처럼 안내해 줄 것이다.

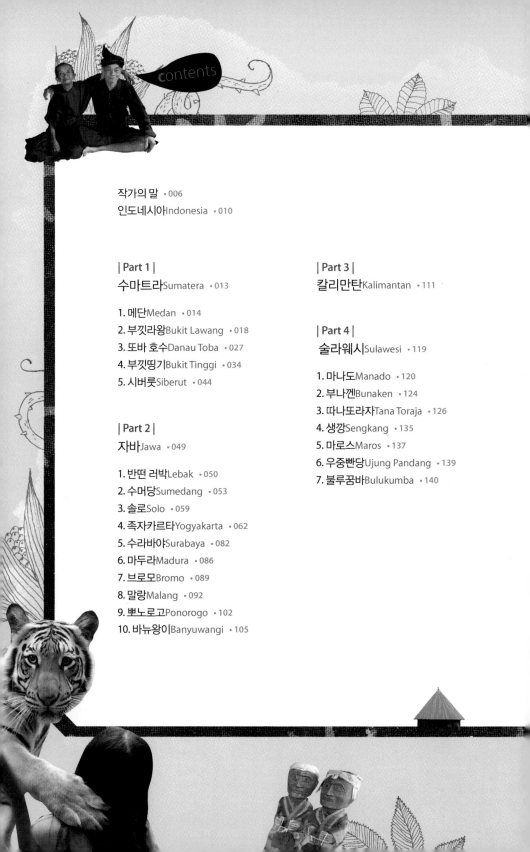

contents

인도네시아

Indonesia

인도네시아Indonesia의 국명은 '인도India'와 군도의 '네시아nesia'가 합성된 것이다. 한국 및 중국에서는 한자 가차 인도니서아印度尼西亞의 줄임말인 인니印尼로도 불린다. 국기는 메라(붉은색) 뿌띠(흰색)로 용맹과 순결을 뜻하며, 국가는 인도네시아 라야Indonesia Raya이다.

1945년 이후 헌법전문에 명시된 빤짜실라Pancasila는 인도네시아의 건국이념으로, 다섯 가지Panca 원리의 의미를 나타낸다.

첫째, 유일한 신에 대한 믿음(다양한 신앙의 존중을 의미)
둘째, 인간의 존엄성
셋째, 통일 인도네시아
넷째, 대의정치(민주주의)
다섯째, 사회정의 구현

세계 최다 섬으로 이루어진 나라로 총 1만7천여 개의 섬이 있고, 최서단 수마트라 섬의 사방에서 최동단 파푸아 섬의 머라우케까지의 거리는 약 7,200km로 수도 자카르타에서 한국의 서울까지 가는 거리와 얼추 비슷하다. 총 인구수는 2억 5천만 명에 달하며 대부분이 이슬람교를 믿고 있어서 이슬람하면 떠오르는 중동국가들을 제치고 세계 최대 이슬람교도들이 사는 나라다. 그래서 이슬람국가로 잘못 아는 사람들도 더러 있다.

인도네시아 정부는 공식적으로 6개 종교(이슬람교, 힌두교, 기독교, 불교, 가톨릭교, 유교)를 인정하고 있으며, 문화 풍습이 다양한 300여 종족들이 일상 언어로 방언을 사용하지만 공식 국어로는 '바하사 인도네시아'를 사용하고 있다. 2012년 기준으로 인도네시아 국민들이 사용하는 방언이 자그마치 540여 개나 된다고 알려졌으며 현재도 각 섬 오지에서 여러 종족들이 사용하는 그들만의 전통 언어가 지속적으로 연구 및 발표되고 있는 추세다. 실제로 문명의 손길이 거의 닿지 않는 인도네시아 섬 구석구석으로 들어가 보면 면 단위마다 사는 종족도 사용되는 언어도 다르다는 것을 체험할 수 있다.

　나라가 광활하여 가도 가도 끝이 없고, 봐도 봐도 볼 게 너무 많고, 웃어도 웃어도 샘물처럼 웃음이 줄지 않는 사람들이 사는 나라. 마치 인터넷 속에서만 존재할 것 같은 흥미로운 나라, 바로 인도네시아다.

수마트라 정글

Part 1

수마트라

Sumatera

세계에서 여섯 번째로 큰 수마트라 섬은 그 면적이 자그마치 443,066km^{2}에 달한다. 인도네시아 전체 인구의 21%를 차지하는 수마트라 섬에는 약 5,100만 명이 거주하고 있다.

7세기 무렵 인도네시아 역사상 가장 강했던 왕국 중 하나인 스리위자야 왕국(Kerajaan Sriwijaya)이 그 찬란한 문명을 이 섬에서 꽃피웠으며, 당시 수마트라 섬은 산스크리트어로 '금의 섬'이라는 뜻의 수와르나드위파(Suwarnadwipa)로 불렸다. 스리위자야 왕국의 위상은 실로 대단하여 무역을 위해 왕국을 거쳐 간 여러 외국 상인들을 통해 전 세계로 퍼졌으며 '금의 섬'에 대한 기록은 고대 인도, 아랍, 그리스 및 유대 서적에까지 남아 있다.

수마트라라는 이름의 유래는 아직 정확하지 않다. 11세기 스리위자야 왕국의 왕의 호로 처음 사용되었다는 주장도 있으며 스리위자야 왕국의 몰락 이후 13세기에 섬 동북쪽에 존재하였던 사무드라 왕국(Kerajaan Samudera)을 모로코 출신 탐험가가 사마트라로 발음하였던 것이 유래가 되어 16세기경 인도네시아로 들어왔던 포르투갈군이 지도에 수마트라라고 기록하기 시작하여 지금에 이르게 되었다는 주장도 있다.

현재 수마트라에는 여러 종족이 함께 살고 있다. 대부분이 이슬람교인들이고 또바(Toba) 호수 지역에만 기독교인들이 소수 몰려 있으며 그 외 대도시에 화교들을 중심으로 불교가 자리 잡고 있다. 수마트라 섬은 10개 주로 나뉘었고 4개의 국제공항과 3개의 항구가 있다.

01
메단
Medan

　• •
메단은 북부수마트라^{Sumatera Utara}의 중심도시이
다. 메단으로 가는 방법은 자카르타에서 비행기로 1시간 45분 소요되며 메단
국제공항은 인도네시아 서부의 게이트라고도 한다. 북부수마트라에는 부낏
라왕, 브라스따기, 또바 호수 등 관광지가 있다. 그곳으로 가려면 메단을 통
과해야만 한다. 그냥 통과하기보다는 메단 시내의 멋있는 이슬람사원을 둘

러보는 것도 좋다. 북부수마
트라^{Sumatera Utara}는 줄임말로
'SUMUT'이지만 사람들은
우스갯소리로 SUMUT^{Semua}
^{Urusan Masalah Uang Tunai}, 즉 '모
든 일은 현금으로 통한다'고
하기도 한다.

이슬람 사원

팔각형의 라야 사원 | Masjid Raya Al Mashun

메단의 라야 사원은 1906년에 건축이 시작되어 1909년에 완성되었다. 중동·인도·스페인의 전형적인 건축양식으로 지어졌으며 사원의 모양은 위에서 보면 팔각형이다. 동서남북 사방으로 날개가 있다. 예배 중, 특히 기도시간에는 사원으로 입장할 수 없으며 기도를 마치면 들어갈 수 있다. 또 여자들은 머리에 질밥Jilbab을 사용해야만 입장할 수 있도록 문지기가 지키고 있다. 입장하는 사람이 외국인이면 문지기가 방명록을 내민다. 외국인의 경우 약간의 입장료 같은 기부금을 지불해야 할 것이다. 나는 사원 내부를 구경하고 싶었지만 머리에 질밥을 써야만 한다기에 입장을 하지 않고 문 앞에서 들여다보기만 했다. 메단의 라야 사원은 왠지 모르게 거룩한 분위기였다.

녹색공주의 전설, 미리암뿐뚱 | Meriam Puntung

예쁘고 아름다운 녹색공주가 살고 있었다. 녹색공주가 아름답다는 소문은 자와 섬뿐만 아니라 아쩨 왕국 왕자에게까지 전해졌다. 아쩨 왕자는 녹색공주를 보자 곧 사랑에 빠져 청혼을 했으나 거절당했다. 이 일로 분노한 아쩨 왕자는 전쟁을 일으켰다. 녹색공주와 동생은 용과 대포로 변하여 싸웠다. 전쟁이 오래 지속되자 결국 대포는 과열되어 부서졌고 부서진 대포조각 하나가 보관되어 있었다.

어머니의 손맛, 비까암본 | Bika Ambon

메단의 특산물인 비까암본은 사구가루와 계란노른자, 누룩 등을 넣어 구워

낸 케이크의 한 종류이다. 어릴 적 어머니가 밀가루 반죽에 소다를 넣고 채반에 쪄 주시던 그 빵맛과 비슷하다. 카스텔라와 비교하면 기름기가 너무 많고, 잘라 보면 속살이 무늬처럼 되어 있으며, 인도네시아 사람들이 좋아하는 고소하고 달달한 맛을 가지고 있다.

02
부낏라왕
Bukit Lawang

●● 부낏라왕은 레우서르 국립공원Taman Nasional Gunung
Leuser에 속해 있고 공원은 북부 수마트라와 반다아쩨 두 주에 걸쳐 있다. 공원
의 이름은 아쩨에 있는 레우서르 산 이름에서 따온 것이며 전형적인 열대우
림으로 둘러싸여 있다. 이 공원은 식물과 동물의 생태계 연구의 목적과 교육·
과학·양식업·관광·휴양을 위한 공원으로 이용되며 정글 트레킹 코스는 관광
객들에게 유난히 인기가 많다. 안개가 내려앉은 저녁 무렵, 부낏라왕의 전경
은 한 폭의 수채화다.

부낏라왕은 메단에서 자동차로 3시간 정도 걸리지만 자연경관이 좋아 배
낭족들이 많이 찾는 곳이다. 저렴한 게스트하우스가 있어 배낭족들이 찾아
오는 건지, 배낭족들이 많아서 게스트하우스가 생겼는지는 모르겠지만 방
하나에 15~30달러짜리 게스트하우스가 강변에 즐비하다. 호텔은 강둑 위
산기슭에 있는 이콜로지(Ecolodge, 오두막으로 된 친환경적 숙박시설)에 머물러
도 좋다.

인도네시아 그 섬에서 멈추다

숲에서의 대화, 정글 트레킹 | Jungle Trekking

정글 트레킹은 이콜로지 호텔 뒷마당으로 해서 정글로 출발한다. 가다가 원숭이는 물론이고 새들도 만나고 주민들이 고무나무 수액을 채취하는 것도 볼 수 있다. 정글로 들어서면 수백 년 된 고목도 볼 수 있다. 하지만 정글에는 모기가 상당히 많다. 미리 모기약을 준비해서 가든지 아니면 긴 바지와 긴소매를 입고 가는 게 안전하다. 정글 코스는 3시간, 1일, 2일, 1주일까지 가이드와 정하기에 달렸다. 정글로 어느 정도 들어가면 오랑우탄을 볼 수가 있다. 정글에 사는 오랑우탄은 여러 마리인데 쌍둥이 오랑우탄도 있고 엄마와 아기 오랑우탄도 있다. 오랑우탄은 아이큐가 97이라는데 신기해서 멍하게 쳐다볼

정글 속의 오랑우탄

때 혹여 잽싸게 내려와 나를 해코지할까 겁이 나 다가서지 못했다. 오랑우탄
도 만나고 숲 속으로 다니면서 숲과 대화하는 동안 나는 마음이 평화롭고 행
복했다.

인도네시아 그 섬에서 멈추다

바호록 강에서의 튜브 래프팅

| Rafting

바호록 강은 물이 아주 맑다. 맑은 강물에서 튜브 래프팅을 해 보는 것도 스릴 있고 좋다. 여러 개의 튜브를 엮어 막대기로 저어 가면서 8km의 강물을 따라 흘러 가면서 자연쇼핑을 하는 것이다. 주말에는 단체 모임이나 가족 단위로 물놀이를 하러 많이 온다.

세계에서 가장 큰 꽃, 라플레시아 | Rafflesia arnoldii

세계에서 가장 크고 악취를 풍기는 꽃 라플레시아! 가장 큰 꽃이라는데 도대체 크면 얼마나 클까? 꽃이 피면 향기가 아닌 지독한 냄새를 풍겨 벌과 나비가 아닌 파리들이 들끓게 하여 꽃가루를 번식하는 꽃 라플레시아, 빨리 보고 싶다.

메단에서 부낏라왕으로 가면서 렌터카 기사에게 라플레시아가 피었는지 알고 싶다 말했다. 기사는 그 마을에 친척이 살고 있으니 물어보겠다며 전화를 걸었다. 통화를 마친 후 나에게

"지금 라플레시아가 피어 있다고 해요."

그 말을 듣자, 나는 둘째딸과 여행하는 게 아니라 첫사랑 만나러 가는 것처럼 가슴이 마구 뛰었다. 너무 좋아서 확인하는 마음으로 부낏라왕 도착해서 정글가이드에게 또 물었다. 정글가이드 역시 그 마을에 친구가 있다며 전화를 걸더니

"며칠 전 관광객들과 가 봤는데 라플레시아 꽃이 피어 있었대요."

라플레시아 꽃봉오리

"정말?"

지금 당장 가자며 내가 나서자, 그곳은 뚜알랑 게빵 마을인데 호텔에서 멀고 또 라플레시아는 깊은 산속에 있어 오늘은 늦어 안 되고 내일 아침 일찍 떠나는 게 좋겠다고 가이드는 나를 말렸다.

다음 날 아침 정글가이드가 아닌 다른 가이드와 오토바이를 타고 호텔을 출발해 팜유 농장을 따라 1시간쯤 갔다. 산골 자갈길이 얼마나 어설픈지 엉덩이가 아파 좀 쉬자고 말할까 하는데 이심전심이 통했는지 마침 가이드가 오토바이를 어떤 아주머니 앞에 세웠다. 가이드가 무슨 말을 건네자 아주머니는 방으로 고개 돌려서 소리쳤고 방에서 남편으로 보이는 한 남자가 나왔다. 그 남자는 라플레시아가 어디에 피었는지 아는 사람이라고 가이드가 말했다. 마음이 급해 나는 그 남자에게 인사도 않고 꽃에 대한 안부부터 물었다.

"라플레시아가 지금 피었다면서요?"

그 남자는 물끄러미 나를 쳐다보더니 대답 대신 지갑을 열어 7살쯤 돼 보이는 딸에게 돈을 주며 뭔가 사오라고 시켰다. 대답을 듣지도 않은 채 나는 또

인도네시아 그 섬에서 멈추다

물었다.

"꽃 보러 가는 길은 멀어요? 여기서 얼마나 멀어요?"

이번에도 남자는 대답 대신 내 차림새를 위에서 아래로 쭉 훑어보다가 운동화에 시선을 멈췄다. 고개를 갸우뚱거리더니 마루 모퉁이의 작고 찌그러진 서랍장을 열어 검정고무신 한 켤레를 꺼내 주면서

"길이 험하니 그 신발보다는 이게 좋을 거요."

나는 빨리 가고 싶은 마음에 남자가 하라는 대로 좋은 운동화를 벗고 검정고무신을 받아 신었다. 그건 비가 와도 미끄러지지 않는, 아니다 덜 미끄러지는 고무로 된 트레킹 신발이었다. 그때 심부름 갔던 아이가 쪼르르 달려와 사 가지고 온 물건을 내밀자 남자는 받아 윗주머니에 넣었다. 그리고 낫을 허리춤에 차더니 아직 신발 끈을 매고 있는 나에게 출발하자며 앞장섰다. 오토바이를 태워 준 가이드, 그 남자, 나 이렇게 셋이서 산속으로 들어갔다.

등산로 같으면 좋으련만, 남자는 우리를 길이 아닌 풀숲으로만 데리고 갔다. 간밤에 내린 비로 풀숲마다 이슬이 잔뜩 맺혀 있었다. 풀숲이 지나자 계곡을 건너야 했다. 신발과 양말을 벗어 쥐고 계곡물로 들어갔다. 물은 무릎까지 왔으며 돌에는 물이끼들이 자라고 있어 미끄러웠다. 옷은 젖어도 괜찮지만 카메라를 빠뜨릴 수 없기에 조심조심 강을 건넜다. 강변 고사목에 걸터앉아 신발을 신었다. 남자는 윗주머니에서 봉지를 꺼내 뜯으며 혼잣말을 했다.

"평상시 산에 올 때는 담뱃잎가루를 뿌리는데 오늘은 준비가 안 되어 이것이라도……" 하며 내 바지 아랫부분과 양발에 잔뜩 무언가를 발라 주었다. 그건 모기퇴치로션이었다. 남자는 바르지 않고 가이드는 조금 바르는데 나만 희뿌옇게 많이 발랐다. 남자는 라플레시아가 있는 곳은 밀림이 습하여 흡혈성 산거머리들이 많이 서식하고, 거머리들은 옷 위로 기어 올라와서 피를 빨아먹는다고 했다. 남자의 말이 끝나자마자 나는 흡혈성 산거머리가 바지 속으로 들어올까 봐 바짓단을 양말 속에 쑤셔 넣었다.

밀림은 나무들의 세상이다. 마음대로 죽죽 뻗은 나뭇가지와 풍성하게 자란 이파리들 때문에 바람이 부는지도 못 느끼겠고, 하늘은 안 보였지만 햇볕은 간간이 새어들었다. 나무의 분신 낙엽들은 영양덩어리의 퇴비로 쌓여 있었고 수시로 내린 비 때문에 땅을 밟으면 질퍽질퍽, 낙엽을 밟으면 미끌미끌거렸다. 산등성이를 올랐다가 계곡으로 내려갔다가 여러 차례 반복하자 땀방울들이 등줄기를 미끄럼틀처럼 타고 흘러내렸다. 땀범벅이긴 해도 마음은 설레는 중이었고 나는 그 남자의 발자국만 보고 걸어갔다. 잠시 후 앞장 서 가던 남자가 발길을 멈추고 손으로 가리키면서 말했다.

"저 꽃이 라플레시아에요."

"꽃이 어디 있어요? 어디?"

세계에서 가장 큰 꽃이라니 한눈에 턱 보여야 하는데 보이지 않아 두리번거리면서 나는 남자 곁으로 다가갔다. 남자는 한 번 더 말했다.

"이 꽃이 라플레시아요, 이 꽃."

"네, 이게 라플레시아라고요?"

순간 나는 너무 놀라서 그 꽃에서 눈을 뗄 수가 없었다. 세상에, 지금 한창 피었다던 라플레시아는 없고, 검은 양배추 두 개가 달랑 놓여 있는 것 아닌가. 어제부터 가슴이 설레고, 꿈에 부풀어 잠도 설쳤는데, 게다가 험한 길 마다않고 열심히 왔는데……. 아, 그 자리에 주저앉고 싶었다.

그래도 귀한 라플레시아를 보았으니 사진으로 담아야겠단 생각에 가까이 앉아서 요리 찰칵 조리 찰칵 여러 컷 찍었다. 그리고 이제 위에서 찍으려고 일어서는데 바지 아랫단에서 뭔가 스멀스멀 빠르게 올라오고 있었다. 언뜻 봐도 실지렁이처럼 가느다란 네다섯 마리의 흡혈성 산거머리였다. 소름이 쫙 끼쳐 나도 모르게 "엄마야" 하고 소리쳤다. 소리치며 발을 동동 구르는 와중에도 산거머리는 빠른 속도로 허벅지까지 기어올라 왔다. 그 남자와 가이드는 내 바지에 기생하듯이 붙어 있는 산거머리를 옷에 붙은 실을 떼듯 쉽게 떼

주었다.

그 난리법석을 부린 후 남자는 산등성이를 하나 더 넘으면 계곡 근처에 라플레시아가 하나 더 있는데 볼 건지 물어왔다. 흡혈성 산거머리가 무서워도 나는 또 보겠다고 했다. 한참 가다가 땀을 닦으려고 가방을 여는데 이번에

라플레시아 사진 찍는 모습

는 바지 옆선 무릎 쪽에 거머리가 반쯤 끼어 꼬물꼬물 거리고 있었다. "엄마야!" 소리치자 뒤따라오던 가이드가 또다시 떼 주었다. 그때부터 나는 거머리 때문에 발을 어디에 디뎌야 할지 겁이 났다. 가파른 절벽을 내려가자 그곳에도 그 남자 말대로 라플레시아가 하나 더 있었다. 아까 것보다는 검은색 껍질이 살짝 벗겨져 크림색이 보였다. 아직은 양배추처럼 꽃봉오리 모양을 하고 있었지만 내가 귀한 라플레시아를 볼 수 있다는 것에 나는 기쁘고 만족했고 그리고 행복했다.

두 곳에서 라플레시아를 본 후 계곡으로 내려왔다. 물이 맑고 차가웠다. 계곡 근처에는 텐트 하나가 있었는데 라플레시아가 필 때쯤이면 식물학자들이 와서 며칠씩 머무는 곳이라고 했다. 텐트 앞 돌에 앉으려니 그 남자는 자신의 다리에는 붙은 산거머리를 떼어내며 산거머리가 올라갈지 모르니 바위에도 앉지 말라고 했다. 이 넓은 산에 마음 놓고 앉을 데도 설 데도 없다니……. 가이드가 자신의 무릎 뒤쪽에 붙어 있는 통통한 산거머리를 떼어내자 피가 주르르 흘러나왔다. 텐트 앞에서 남자는 하나 남은 것이라며 모기퇴치로션을 나에게 발라 주었다.

이제 돌아갈 일만 남았다. 산으로 갈 때는 라플레시아 본다는 기쁨에 사로잡혀 산 넘고 물 건너도 그리 험한 길인 줄 모르고 온 것 같다. 게다가 산거머

리들 때문에 바짝 긴장한 상태에서 세 시간 넘는 산행을 하고 나니 체력이 고갈되어 돌아오는 길은 죽을 만큼 힘들었다. 그러나 냇가 물속에서 잠깐 쉬고는 안간힘을 다해 남자의 집을 향해 걸었다.

드디어 출발지였던 그 남자의 집에 도착했다. 라플레시아 잘 보았냐는 남자의 아내 말에 나는 숨을 고르느라고 고개를 절레절레 흔들었다. 말하는 것보다는 무거운 고개를 흔드는 게 더 쉬웠다. 이제 호텔로 돌아가자며 가이드가 신발을 벗는데 양말에서 산거머리 한 마리가 꼬물거리고 있었다.

라플레시아도 처음 보는 귀한 꽃이었지만 흡혈성 산거머리도 처음 봤다. 오늘 산거머리가 내게 스트레스를 주지 않았다면 아마 난 그토록 먼 길을 이렇게 단숨에 다녀오지 못하였을 것이다. 앞으로 정신적으로 해이해지고 생활의 패턴이 느슨해지면 라플레시아 꽃을 찾아 떠난 산행을 떠올려야겠다.

부낏라왕 가는 방법과 숙소

메단에서 버스나 렌터카로 2시간 정도 가면 부낏라왕이다. 부낏라왕에 도착하면 '린두알람rindu alam'이라고 커다랗게 적힌 곳이 있는데 그곳에서 내리면 된다. 그리고 출렁다리를 건너면 이콜로지 호텔이고 강물 주변으로 게스트하우스가 즐비하다. 그곳에서는 두리안이나 제철 과일을 싸고 맛있게 먹을 수 있다. 갈 때 모기약을 꼭 챙겨 가면 좋다.

이콜로지 호텔은 내가 추천하고 싶다. MBC '세상의 여행'을 촬영할 때 머물렀었는데 호텔의 분위기가 매우 좋아 딸아이와 둘이서 3박 4일 동안 여행하며 머물기도 했다.

그곳에서 머무는 며칠간은 마치 초등학교 때 여름방학이 되면 갔던 시골의 나의 집 같았다. 방 안에는 모기장이 드리워져 있고, 욕실 바닥에는 자갈돌이 깔려 있고, 수도꼭지는 대나무이고, 욕조 대신 장독대에 물을 받아 사용한다. 욕실은 천장이 없어 하늘의 별과 달이 아주 가까이서 반짝거렸다. 저녁부터 아침까지 개구리와 귀뚜라미가 애향가를 합창으로 불렀다. 쾌적한 공기와 향기로운 꽃냄새. 단, 늦잠을 잘 수가 없다. 원숭이와 아침을 함께 먹어야 하는 즐거움 때문에……. 내가 레스토랑에서 아침을 먹으면 원숭이는 나무에서 열매를 따 먹는다.

03
또바호수
Danau Toba

　　또바호수 안에는 사모시르^{Samosir}섬이 자리 잡고 있다. 섬의 면적은 630km²이며 해발 1.000m이다. 사모시르섬 안에는 시디호니^{Sidihoni}와 아엑 바또낭^{Aek Vatonang} 두 개의 호수가 있어 '호수 안의 호수'라고 부르기도 한다.

　　재미있는 또바호수의 전설을 들려주려고 한다. 또바라는 청년이 어느 날 낚시하러 갔다가 금붕어를 낚았다. 청년이 금붕어를 손으로 잡는 순간 금붕어가 예쁜 여인으로 변했다. 금붕어는 원래 여인이었으나 신에게 저주를 받아 금붕어가 되었던 것이다. 또바는 여인과 결혼을 원했고 여인은 결혼의 조건으로 자신이 물고기였던 일을 영원히 비밀로 지켜주길 청년에게 약속받았다. 둘은 결혼하여 아들을 낳아 이름을 '사모시르'라고 지었다. 몇 년이 흐른 어느 날 아내는 아들 사모시르에게 아버지에게 갖다 드려라며 도시락 심부름 시켰다. 길을 가다가 사모시르는 배가 고파 아버지의 도시락을 조금씩 먹었다. 한편 점심때가 훨씬 지나 시장기를 느끼다 허기졌던 또바는 아들이 먹었

또바 호수와 사모시르 섬

던 도시락을 보자 그만 화가 머리끝까지 나서

"네 이놈 아주 버릇없고 못된 녀석이구나, 물고기였던 네 엄마처럼."

그 말을 듣고 사모시르는 집으로 와서 어머니에게 물었다.

"어머니, 어머니가 정말 물고기였어요?"

결혼할 때 했던 비밀의 약속을 지키지 않은 남편에게 화가 난 아내는 아들 사모시르에게

"조금 후에 홍수가 날 테니 너는 이곳에서 가장 높은 나무에 올라가 있어라"

정말로 천둥과 번개가 치더니 소나기가 쏟아져 홍수가 났다. 아버지는 홍수에 잠겼고 높은 나무에 올라가 있던 사모시르는 안전했지만 아버지를 구할 수는 없었다. 홍수로 물이 가득 찬 호수는 아버지 이름을 따서 '또바라 하고 섬은 아들의 이름을 따서 사모시르라 부르게 되었다는 이야기다.

바딱족들의 마을

사모시르섬에서는 시알라간 왕이 살던 시알라간(바딱족 전통마을)을 방문해야 제대로 된 여행이다. 거석시대의 흔적이 그대로 보존되어 있는 곳이다. 좁은 돌담 골목 입구에는 우리나라 장승처럼 두 개의 석상이 있다. 골목을 들어가면 배 모양으로 된 8채 집들이 나란히 보인다. 악령을 쫓고 마을을 지킨다던 빵울루발랑석상을 보고 있는데 마을의 문지기로 보이는 사람이 다가왔다. 내게 방명록을 내밀고 기입하라고 했다. 낯선 마을에 갔을 때 인사하자마자 주민들이 가장 먼저 내민 것이 방명록이었으니까. 통과의례라고나 할까, 나는 적힌 대로 방명록을 기입하고 소정의 마을입장료를 지불했다.

어느 마을을 가더라도 나는 항상 한 집을 골라 집안으로 들어가 보는 나만의 버릇이 있다. 그날도 나는 버릇대로 문지기에게 어느 한 집 안을 구경하고 싶다고 말했다. 문지기는 자신의 집을 소개하여 주겠다고 하여 나는 따라 갔다. 나무계단 다섯 개를 딛고 대문 안으로 들어가다가 머리를 문에 쿵, 하고 박았다. 어찌나 아프던지 머리가 띵하고 정신이 멍했다. 내가 아픈 곳을 만지자 문지기는 걱정하는 표정으로 미안한 듯이 바라보았다. 나는 문지기에게 물었다.

"집의 대문을 왜 이렇게 작게 만들어 놨어요?"

"바딱족은 누구든 남의 집에 들어갈 때는 집주인에게 공손한 마음으로 예의를 갖춰 고개를 숙이도록 일부러 문을 작게 만들어 두었어요."

나는 무슨 말인지 이해가 잘되지 않아 밖으로 나갔다가 다시 집안으로 들어가면서 아까처럼 머리를 박을까 고개를 숙이고 조심스레 들어갔다. 들어가면서 '아, 고개가 숙여지니 저절로 주인에게 인사하지 않을 수가 없구나 하는 걸 깨달았다.

바딱 족은 배를 중요시 한다. 조상들이 배를 타고 섬으로 왔으며 지금도 섬에 살기 때문에 가장 큰 교통수단으로 배다. 그런 이유로 집을 배 모양으로

집을 지었다. 지붕의 뾰족한 부분을 비교해보면 뒤쪽이 더 높다. 앞쪽은 부모 뒤쪽은 자식을 의미하며, 뒤쪽이 더 높은 이유는 자식 자식은 부모보다 반드시 더 높은 지위와 훌륭한 사람이 되어야 한다는 게 그들의 교육관이라 한다. 지붕의 방향을 산으로 향하고 있음은 높은 산에 조상들이 존재하고 있으며 집을 삼색(백, 홍, 흑)으로 칠한 것은 하늘과 땅 그리고 지하를 의미하고 있다.

　마당 중앙에는 바딱Batak족들에게 있어 정의와 평등을 상징하며 수백 년째 존재하는 하우하보나고목이 서 있다. 나무 아래는 돌로 만든 여러 개 의자와 중앙에 탁자가 놓여 있는데 죄인들을 재판하던 법정이었다. 죄인은 가두었던 감옥도 그대로 보존되어 있다. 그 옆 담 너머는 부족들이 규율을 어겼을 경우 엄격한 관습법에 따라 중죄인을 처형하던 곳이다. 문지기는 두 손을 등짐지고 가늘고 긴 돌에 엎드려서 목검으로 자신의 목을 내리치는 시늉을 하며

　" 중죄인은 이렇게 목을 쳐 사형시켰어요."

　일어서더니 옆에 놓은 넓적한 바윗돌을 만지며 죄인을 큰 대(大)자로 눕혀 옷을 벗기고 온 몸에 칼로 줄을 그었는데 그건 혹여, 죄인이 주술을 사용하지

못하도록 방지하는 것이라 설명했다. 왕의 권력의 위엄을 보여주기 위해 일벌백계로 죄인의 배를 개복한 후 간과 심장을 꺼내 아삼(신맛의 열매)과 함께 다져 왕과 요직의 사람들이 함께 먹고 피도 나눠 마셨다고 한다. 순간 내 몸에 소름이 끼치는 걸 느낄 수 있었다. 나는 농담어조로 문지기에게 물었다.

"지금도 관습법을 어기면 죄인의 목을 쳐버리나요?"

"아니요, 요즘은 그렇게 하지 않아요."

문지기는 손가락으로 콧등을 만지작거리다가 나를 바라보면서 말했다.

"1816년경 네덜란드 선교사가 복음을 전파했고 그때부터 관습법과 미신은 타파되었어요."

시알라간에서만 볼 수 있는 처형장, 죄인을 잔인하게 처형했던 일도 그들에게는 역사니까, 적나라한 조상들의 이야기를 후손에게 생생하게 전해 들으니 나에게 있어 이번 또바호수로 향한 발걸음은 횡재한 것이다. 나는 문지기에게 배운 '몰레아떼(고맙습니다) 인사하고 시알라간 마을을 나왔다.

온천탕이 유명한 빵우루란 | Panguruan

사모시르 빵우루란 시오궁오궁^{Siogungogung}에 가면 유황온천탕이 있다. 구루 따때 불란^{Guru Tatea Bulan}에서 내려오는 뜨거운 유황 물을 계곡에 호스로 연결하여 집집이 온천이나 수영장을 만들어 두었다. 마을의 제일 꼭대기 집에 가면 노천탕에서 온천욕을 하며 확 트인 또바 호수도 바라볼 수 있는 일석이조의 온천탕이 있다. 그곳은 MBC '세상의 여행'의 출연자 조여

빵우루란 온천

정 씨가 온천욕을 했던 곳이기도 하다. 당
시 조여정 씨는 "물에 피부가 닿으니 너무
매끄럽고 따뜻하여 피로가 금방 풀어지는
것 같아 오래오래 물속에 있고 싶어요"라
고 했었다.

하트 모양의 삼뿌르나 폭포 | Sampuran Efrata Sosor Dolok

사모시르 섬에는 작은 폭포가 여러 개 있다. 그중 섬에서 가장 잘 보이는 폭
포가 바로 삼뿌르나 폭포이다. 뚝뚝에서 유황온천으로 가다 보면 보인다. 내
눈길을 끈 이 폭포는 폭포수를 둘러싸고 있는 전체적인 모양이 하트 모양이다.

삼뿌르나 폭포

사모시르가 한눈에 보이는 뗄레 전망대

| Menara Pandangan Tele

또바 호수의 사모시르 섬을 한눈에 보
려면 뗄레 전망대로 가야 한다. 뗄레 전
망대는 해발 1,542m로 높으며, 그곳에
서는 커다란 사모시르 섬 모양을 조금이
라도 볼 수 있다. 전망대로 올라가는 길
은 굽이굽이 휘어져 있다. 전망대 꼭대
기에서 초록빛 산과 또바 호수를 바라보
면 뭔가 쿵하고 가슴에 와 닿을 것이다.

뗄레 전망대

또바의 하얀 햇살이 호수에 떨어져 가슴으로 반사되는 찰나 누군가와 속삭이
고 싶어질 것이다.

또바 호수의 사모시르 섬 가는 방법

메단에서 버스를 타고 버라스따기를 거쳐 4~5시간 정도
이동하면 빠라빳(Parapat) 선착장에 도착한다. 빠라빳 선
착장에서 배를 타고 사모시르 섬 뚝뚝(Tuktuk)이나 또목
(Tomok)으로 가는 데 20분 정도 소요된다. 뱃삯은 1인당 5
천 루피아이다. 배 운행시간은 06:00~17:00이다. 뚝뚝은
호텔이 많고 또목은 전통마을이 가깝다. 사모시르 섬에서
이동수단은 오토바이나 자전거를 임대하면 된다.
렌터카를 이용할 경우, 섬에는 주유소가 없기 때문에 섬으로 갈 때는 자동차에 주유를 가득 해서
가야 한다. 나는 렌트한 차의 연료가 부족하여 길에서 판매하는 연료를 자동차에 주유한 일이 있
다. 배를 타고 섬을 나올 때는 유황온천 빵우우란을 통하면 된다. 그다음 1시간 이상 자동차로 이동
하여 해발 1,542m의 뗄레 전망대로 가서 또바 호수와 사모시르 섬을 멀리서 바라보는 것도 아주
좋다.

04
부낏띵기
Bukit Tinggi

물소의 승리, 미낭까바우

부낏띵기에는 미낭까바우족들이 살고 있다. 미낭까바우는 인도네시아어로 '머낭 꺼르바우Menang Kerbau'에서 가져온 '물소의 승리'라는 뜻이다. 자와 왕국이 세력을 확장하면서 수마트라 부낏띵기까지 와서 세력 다툼을 하게 되었다. 미낭까바우 왕국은 우리가 전쟁하는 것보다는 물소로 싸움하자고 했다. 자와 왕국은 거칠고 사나운 어미 소를 싸움소로 준비했고, 미낭까바우 왕국은 어린 송아지를 싸움소로 준비했다. 물소에 대하여 잘 알고 있는 미낭까바우 왕국에서는 젖먹이 송아지를 굶겼고 쇠를 날카롭게 갈아 송아지 뿔에 달았다. 소싸움을 위해 두 마리 물소가 만났다. 자와의 소를 보자마자 굶주린 미낭까바우의 송아지는 배고픔을 참지 못해 달려가 젖을 빨려고 배 아래로 머리를 마구 들이대고 젖꼭지를 찾았다. 그러자 날카로운 송아지의 뿔이 자와 소의 배를 찢어지게 만들었고 결국 송아지가 승리한 것이다.

미낭까바우 전통집 루마 가당
(Rumah Gadang)

소 경주, 빠쭈자위 | Pacu Jawi

물소의 승리로 세력을 잃지 않게 되었던 미낭까바우족들은 물소를 상징하게 되었다. 전통가옥 지붕을 날카로운 물소 뿔 모양으로 만드는가 하면 추수를 끝낸 후 전통놀이로 소싸움도 하고 빠쭈자위도 한다. 빠쭈자위는 두 마리의 소와 한 명의 기수joki가 물이 고인 논을 첨벙거리며 달리고, 사람들은 논둑에서 구경하는 것이 특징이다.

마두라 섬의 소 경주는 두 마리의 소를 한 쌍으로 중간에 써레를 묶어 소가 흩어지지 않고 상대방보다 더 빨리 달리는 팀이 우승하지만, 이곳은 소 두 마리를 한 쌍으로 하되 써레로 묶지 않고 두 마리가 나란히 달리는 방식이다. 써레를 묶지 않았기 때문에 두 마리가 달리다 방향이 달라지면 기수는 논바닥에 떨어지고 만다. 두 마리의 소가 나란히, 얼마나 더 멀리, 빨리 가는지를 보고 심판들이 점수를 매기는 것이다. 소가 논에서 첨벙거리며 달리는 모습이 멋져 보이기도 했지만 흙탕물이 이리저리 튀어 소나 기수 얼굴에 얼룩진 모

빠쭈자위

습을 보고 나는 웃음을 참지 못했다. 그러다가 달리는 소가 가까이 오면 나는 카메라에 흙탕물이 튈까 봐 저 멀리로 피했다. 미낭까바우족들이 하는 소 경주는 지금도 숭아이따랍 구룬Gurun에 가면 볼 수 있다. 그러나 소싸움은 약 3년 전부터 금지되어 지금은 볼 수가 없다. 소싸움을 두고 주민들이 도박을 하여 정부에서 금지시켰기 때문이다.

물소 뿔이 빼곡한 라오라오 마을

숭아이따랍군 라오라오 마을은 가옥이 밀집되어 있으며 멀리서 바라보면 물소 뿔들이 빼곡하다. 라오라오 마을 사람들은 농사도 짓지만 커피와 카카오도 많이 생산한다. 마을의 한 아주머니가 카카오 밭으로 간다기에 따라갔다. 커피는 수확시기를 맞추어 가면 전통방식으로 가공하여 직접 갈아 마실 수 있는 기회도 있다고 했다. 그들은 카카오는 씨를 햇볕에 건조시킨 후 시장에 내다팔아 생계를 이어간다. 커피나 카카오 따는 일은 주로 여자들이 맡아서 한다. 카카오 껍질을 갈라 보면 하얀 과육이 씨를 감싸고 있는데 하얀 과육을 먹으면 싱싱하면서도 새콤달콤한 맛과 향이 입안으로 화아~ 하고 퍼져 나간다.

리따 씨와 카카오 밭에서 돌아와 집으로 들어갔다. 마루에 앉았던 할머니가 나에게 구걸하듯 손을 내밀자 리따 씨는 내가 미안할 정도로 할머니에게 화를 냈다. 그 할머니는 리따 씨의 친정어머니였다. 리따 씨는 모계사회이므로 딸이 부모님과 함께 생활한다면서 자신들의 전통문화에 대하여 자세하게 이야기해 주었다. 미낭까바우족은 딸이 시집을 가는 게 아니라 사위가 장가들어 오는 것으로 생각하며, 부모로부터의 재산상속권도 장녀에게 있고 자녀들은 어머니의 성을 따른다. 그들 집에는 여러 개의 방이 있었는데, 첫째 · 둘째 언니들이 결혼하여 분가하기 전까지 함께 살았던 방이라고 했다. 사위들이 앉는 자리가 따로 마련되어 있다는 게 내게는 놀라운 사실이었다. 마룻바닥 방 앞부분은 한 뼘 높이로 계단처럼 되어 있었는데 그곳은 사위들만 앉는 곳이며 혹여 마을 사람들이 놀러 와도 그곳에는 앉을 수가 없다는 것이다. 이는 사위들을 예우하는 풍습이라고 했다.

리따 씨는 아들만 6명 있었다.

"아들 모두 장가들면 딸이 없는 리따 씨는 누구와 살아요?"

"딸이 없는 집은 아들이 아내와 처가의 동의를 얻어 부모와 함께 살 수 있어요."

"결혼할 때 청혼도 여자가 하나요?"

"네. 주로 여자가 많이 해요."

내가 오지에서 인터뷰할 때 가장 어려움을 겪는 건 첫째가 방언이고, 두 번째가 질문을 해도 대답을 제대로 하지 못하는 사람들이 더러 있다는 것이다. 특히 여자들이 그럴 때가 많다. 카메라와 낯선 사람 앞이라서 그럴 수도 있겠지만 교육을 받지 못하여서 그런 것도 없잖아 있는 것 같다. 그런데 바딱족과 미낭까바우족 어머니들은 지혜로운 분들이 많았고 대화가 잘되었다. 미낭까바우족은 대부분이 기독교인인 바딱족과는 달리 95%가 이슬람교인들이다.

큰 시계, 잠가당 | Jam Gadang

잠가당은 부낏띵기의 아이콘이며 미낭까바우 언어로 큰 시계라는 뜻이다. 1926년에 야신Yazin 건축가에 의해 세워졌으며 시계는 네덜란드의 왕비가 선물로 준 것이다. 잠가당의 높이는 26m이며 장식을 보면 역사를 알 수 있다. 건축 당시 네덜란드는 시계의 장식으로 동그란 모양 위에 수탉 벼슬을 만들었다. 그러나 일본이 점령하면서 조각의 모양도 템플로 바뀌었고, 그 후 인도네시아가 독립한 후에는 미낭까바우의 전통 집 모양의 바곤종Bagonjong으로 바뀌었다. 잠가당에서 부낏띵기 시가지의 파노라마를 볼 수 있고 전통시장의 여러 가지 볼거리, 먹을거리도 즐길 수 있다.

잠가당

인도네시아 그 섬에서 멈추다

벤디

부끼띵기의 교통수단, 벤디 | Bendi

벤디는 말이 끄는 바퀴가 두 개 달린 마차를 말한다. 부끼띵기에서 탈 수 있는 이 마차는 기본요금이 구간에 따라 정해져 있지만 사실 탈 때 목적지를 알려주고 마차 주인과 흥정을 해야 하는 번거로움이 있다. 벤디를 잠가당에서 타고 가까운 파노라마 공원이나 음식점에 가서 빠당을 먹는 것도 부끼띵기에서만 느낄 수 있는 멋진 경험이 될 것이다. 여러 곳을 다녀보면 마차가 있는 곳이 많다. 부끼띵기에서는 '벤디'라 하고 족자에서는 '안동andong'이라 하며 롬복 섬에서는 '찌도모cidomo'라고 한다. 세 지역 모두 관광객을 위한 탈것으로, 또 주민들의 교통수단으로 이용된다.

끄리삑 발라도

매콤달콤 끄리삑 발라도

| Keripik Balado

부낏띵기 시장이나 시내를 이리저리 다니다 보면 스낵 파는 곳이 많이 보인다. 매운 고춧가루와 갖가지 양념을 바른 특산물로 '끄리삑 발라도' 또는 '초콜릿런당'이라 하기도 한다. 딱딱한 스낵에 매콤달콤한 양념을 발라 먹으면 아삭하게 부서지는 느낌과 그 맛이 혀를 어리둥절하게 만들 것이다. 고구마, 싱콩(카사바) 칩을 비롯하여 여러 가지 스낵들이 있다. 매운 양념을 바르는 이유는 날씨가 춥기 때문에 매운 걸 먹으면 몸에서 열이 나 덜 춥기 때문이라고 한다. 실제로 얼마나 매운지 한번 먹어보는 것도 좋을 것 같다.

인도네시아 음식의 뷔페, 빠당 | Padang

부낏띵기에 가면 꼭 빠당을 먹어봐야 한다. 빠당은 인도네시아 음식의 뷔페라고도 할 수 있다. 외국인인지 내국인인지에 따라 식당종원업들이 반찬 가짓수를 달리 내놓기도 한다. 내가 앉은 테이블의 음식과 현지인의 테이블 음식이 달라서 물어보았더니 외국인이 싫어할 것 같아서 내놓지 않았다고 한다. 보통은 스무 가지 이상의 반찬들이 손님이 주문하지 않아도 테이블에 차려지며 먹은 만큼 계산하는 방식이다. 여러 가지 음식 중에서도 빠당의 아이콘으로 손꼽히는 음식은 런당rendang이다. 런당은 여러 가지 양념으로 3일 동안 재워서 만든 부드럽고 영양가 만점인 쇠고기를 말한다. 런당은 큼직하게 썬 쇠고기를 야자가루 국물에 넣고 오랫동안 푹 끓인 다음 향신료와 천연허

인도네시아 그 섬에서 멈추다

빠당(Family Benteng Indah, 빠당 음식점에서)

브 등 갖은 양념을 넣고 스며들 때까지 천천히 저어 만드는데 보통 4시간 정도 소요된다. 이렇게 만들어진 런당은 1~4주 정도 보존 가능하다. 런당은 빠당의 아이콘이자 세계에서 가장 맛있는 음식으로 손꼽힌다.

수마트라 꿈의 땅, 시아녹 협곡 | Ngarai Sianok

수마트라에서 가장 귀한 곳이 있다면 '수마트라 꿈의 땅'이라 불리는 시아녹 협곡이다. 시아녹 계곡을 지나 계단을 올라 산 너머 은세공하는 마을까지 트레킹할 수 있어 관광객들에게 인기 있는 여행코스로 손꼽히고 있다. 시아녹 협곡의 길이는 15km, 너비는 200m이고 협곡의 깊이는 100m이다. 시아녹

시아녹 협곡

협곡은 일출과 일몰이 장관이며 피어오르는 안개는 신비롭기까지 하다. 협곡 뒤쪽에는 멧돼지, 표범, 사슴, 긴꼬리원숭이 등 여러 동물들이 살고 있다. 시아녹 협곡에서 만나는 원숭이들은 관광객들이 뭘 들고 있으면 살금살금 다가와서 빼앗아 도망가기도 한다. 그런 원숭이가 귀엽고 추억을 만들어 주어 고맙기도 하지만 빼앗긴 물건을 찾을 길은 없다.

아픔의 터널, 루방저빵 | Lubang Jepang

1942년 제2차 세계대전 때 아시아 동부 전쟁의 방어와 수비를 위해 일본정부가 인도네시아 사람들에게 강제노동을 시켜 만든 터널이다. 터널 안에 들어가려면 수백 개의 계단을 내려가야 한다. 터널 안에는 부엌과 응접실, 회의실, 고문실, 무기창고까지 있어 마치 작은 왕국 같기도 하다. 고문실에 가 보면 작은 구멍이 있는데 사람을 고문하다 죽으면 그 구멍으로 밀어 넣어 시아녹 협곡으로 버렸다고 한다. 보기만 해도 일본인들의 잔인함이 느껴졌다. 터

인도네시아 그 섬에서 멈추다

널의 길이는 약 1.4km, 너비는 2m 정도이
며 작은 터널이 21개나 된다. 터널 속에 밖
으로 통하는 비밀통로가 여러 군데 뚫려
있어 그런지 공기는 시원했다. 루방저빵
에는 가이드와 함께 들어가 자세한 설명
을 들어보는 게 좋다. 가이드 비용은 관광
객 마음대로다.

루방저빵

부낏띵기(Bukittinggi) 가는 방법과 숙소

당의 미낭까바우 국제공항(BIM)에서 바낏띵기까지는 약
90km 떨어져 있고, 버스로는 약 2시간 정도 소요된다. 나
는 부낏띵기에 두 번이나 갔지만 두 번 다 방송촬영 스케줄
로 인해 렌터카로 이동하였다. 도로상황이나 운전기사에
따라 다르겠지만 15~16시간 걸린, 참으로 허리가 피곤하
고 엄청난 거리였다. 비포장도로가 많았고 우기철이라 수
시로 내린 비에 도로가 미끄러웠다. 팬 도로에 고인 흙탕
물이 자동차 창문까지 튀어 오르기도 하고, 자동차가 미끄

러지고 바퀴가 헛돌아갈 때 가슴을 졸이기도 했지만, 적도
(payakumbuh) 지점에서 커피 한잔 하면서 묘한 기분을 느껴보기도 했다.
부낏띵기는 해발 950m이며 온도는 17~24도 정도라고 하는데 체감온도는 더 추웠다. 12월 초순
경 갔는데 부낏띵기에 단체 손님이 많아 좋은 호텔은 예약이 다 되어 하는 수 없이 오래되고 낡은
뿌사까 호텔에서 일주일간 머물렀다. 밤에는 쌀쌀한 날씨였고 호텔에서 마련된 홑이불로는 밤 추
위를 견딜 수가 없어 긴옷을 입고 잤지만, 밤새도록 가시나무새처럼 추위에 떨어야만 했다.

05
시버룻
Siberut

꾸끼족의 화려한 장식

  •• 인도네시아에서 최초로 문신을 퍼뜨린 부족이 있다기에 만나러 갔다. 그곳은 시버룻 섬이다. 재미있는 건 쥐들이 많아 그곳을 '쥐들의 섬'이라고 한다는 사실이다. 시버룻 섬은 지금으로부터 약 3천 년 전부터 사람들이 살았다. 그들이 어디서 왔는지는 정확히 알 수 없으나 북수마트라의 바딱족이 아닐까 추정된다. 처음에 하나의 부족이 서해 시마딸루에 정착해 살다가 수가 많아지자 여러 부족으로 나뉘었으며 섬으로 퍼져 나가 살게 된 것이라고 한다. 빠당Padang에서 저녁 7시경 여객선을 탔는데 다음 날 아침 7시경 시버룻 섬에 도착했다. 항구에서 트럭을 타고 가

인도네시아 그 섬에서 멈추다

꾸끼족 노인들

는데 도로가 출렁거리는 느낌이었다. 강어귀에 있는 마을에 내려 시버룻 섬
에 있는 많은 부족들 중 꾸끼족을 만났다.

시버룻 섬의 꾸끼족

소나기가 내려 나와 제작진은 우의를 입고 조그마한 나룻배를 탔다. 두 사
람만 탈 수 있는 나룻배는 하도 작아서 둘 중 누가 엉덩이만 비틀거려도 배가
뒤집어지려고 했다. 그런 나룻배를 타고 샛강으로 2시간이나 들어가 허름한
오두막이 보이자 "다 왔나 보다"라고 말하는 나에게 가이드는 미안한 듯이 말
했다.

"이곳에서 아직도 한 시간을 더 걸어가야 꾸끼족을 만날 수 있어요."

"괜찮아요!"

나는 까짓것 등산한다는 기분으로 걸으면 되려니 생각했다. 그런데 나룻배
에서 내려 강둑을 밟자마자 발이 빠지는데 감당할 수가 없었다. 너무 많이 와

나룻배로 샛강 건너기

서 되돌아갈 수도 없는 상황이라 겨우겨우 걸어갔다. 어느 새 나의 새 운동화
는 이미 헌 운동화가 되었고 두 발을 나뭇가지에 올려놓고 보니 진흙으로 만
든 장화를 신은 꼴이었다. 믿어지지 않겠지만 낙엽 썩은 물이 고여 질퍽거리
는 진흙 산길을 2시간쯤 걸어갔다.

가도 가도 집이 없는 산속, 통나무 다리를 건너자 개울가에 집 한 채가 있었
다. 전설의 고향에 나올 법한 그런 집, 너무 지친 나는 마룻바닥에 철썩 주저
앉아 천장을 보는데 작은 해골들이 주렁주렁 달려 있었다. 그때 저쪽에서 할
아버지와 할머니가 다가왔는데 온몸에 문신이 그려져 있었다. 왠지 조금 무
서운 생각이 들었지만 그래도 궁금한 건 물어봐야겠다 싶어 용기를 냈다.

"할아버지 왜 온몸에 문신을 그렸어요?"

"응, 이 문신은 우리 옷이야!"

"그런데 왜 할머니와 똑같은 그림을 그렸어요?"

"이건 꾸끼족을 표시하는 것이야!"

인도네시아 그 섬에서 멈추다

내가 할아버지라고 불렀던 그분은 시버룻 섬 먼따와이에 사는 꾸끼족 시께레이sikerei였다.

꾸끼족들은 한 달에 한 번 우마(전통집)에 모여 시께레이와 함께 자연신을 숭배하는 노래와 춤을 추는 풍습이 있다. 시께레이는 점쟁이인데 꾸끼족은 그들이 일반사람들은 볼 수 없는 영혼을 보고, 영혼과 의사소통이 가능하며, 사람의 병을 치료할 수 있는 능력자라고 믿고 있었다. 그리고 시께레이들은 살아 있는 모든 것에 영혼이 담겨 있으며 영혼은 자유로워질 수가 있다고 생각했다. 만약 육체와 영혼이 하모니를 이루지 못하면 영혼은 몸에서 빠져나가 자유롭게 다니고 그 사람은 아파 병들게 된다. 그들은 풍습에 어긋나는 행동을 하면 영혼이 육체를 떠난다고 믿고 있다.

꾸끼족은 시버룻 섬 숲 속에 사는 부족인데 아직도 그들만의 전통과 풍습을 많이 지키며 살고 있었다. 그들은 숲 속에서 사냥도 하고 식량을 구하고 자급자족하며 살아간다. 나와 제작진은 꾸끼족들의 우마에서 3일 동안 돼지 똥냄새가 풀풀 날아다니는 마룻바닥에서 잤다. 양치질은 가져간 생수로 했지만 세수는 흐르는 도랑물에 했다. 그들의 주식은 사구가루와 야자가루를 적절한 비율로 혼합하여 사구나무 잎에 담아 불에 구워 먹고 있다. 그 맛은 고소하며 약간 쫀득하여 찹쌀이 많이 든 백설기 맛이었다. 꾸끼족과 함께한 3일은 그동안 내가 얼마나 편리한 생활을 하며 살았는지를 깨닫게 해주는 나들이었다.

꾸끼족 아이들

"꾸끼족 고맙습니다(마수라바가따)."

절구 찧는 자바 여인들

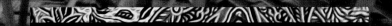

Part 2

자바
Jawa

자바 섬은 세계에서 인구밀도가 가장 높은 섬으로 126,700km² 면적에 현재 무려 1억 4,200만 명이 거주하고 있다. 인도네시아 전체 영토의 7%밖에 되지 않는 섬에 전체 인구의 60%가 살아가고 있는 이곳은 인도네시아의 역사를 품은 둥지라고 해도 과언이 아니다. 힌두-불교 왕국들이 대성하였던 곳이기도 하고 그 후에는 이슬람 술탄왕국들이 그 뒤를 이었으며 네덜란드의 지배를 받을 당시는 인도네시아 독립 운동의 거점이 된 섬이다.

현재 인도네시아 수도 자카르타를 포함하여 10개의 중요 대도시들이 이 자바 섬에 위치한 만큼 인도네시아의 전반적인 정치·경제·사회·문화 등에 중요한 영향을 끼치고 있다. 예로 인도네시아 한 언론에서 한창 한류의 대단함을 기사로 적어낼 때 한국의 영토 크기는 자바 섬보다 작고 인구수는 자바 섬에 1/3 수준밖에 되지 않는다고 비교했을 정도로 인도네시아 사람들에게 자바 섬은 지정학적으로도 매우 중요한 섬이다.

화산의 활동으로 인해 그 대부분이 구성된 자바 섬은 세계에서는 13번째로 그리고 인도네시아에서는 다섯 번째로 큰 섬이다. 대부분의 자바 섬 주민들은 인도네시아 공식 언어인 바하사 인도네시아 외에도 자바 전통어를 구사할 수 있으며 대부분이 이슬람교를 믿고 있다. 자바 섬은 자카르타 특별주와 족자카르타 특별주 외에 서부 자바 주, 중부 자바 주, 동부 자바 주 및 반떤(Banten) 주까지 총 4개의 행정주와 2개의 특별주로 구성되어 있다.

01
반떤 러박
Lebak

●●● 반떤의 러박군 러우이다마르^{Leuwidamar} 까네꺼스 ^{Kanekes}에는 흰 바두이^{Baduy Dalam}와 검은 바두이^{Baduy Luar}가 살고 있다. 흰 바두이는 3개 마을에 살고 검은 바두이는 60개 마을에 산다. 아랍 바두이 유목민들과 생활이 비슷하다 하여 네덜란드인이 바두이라고 이름 하였으나 그들은 지역 이름을 따서 까네꺼스로 불리길 더 좋아한다.

바두이족이 사는 지역에 도착하면 우선 자동차에서 내려 걸어가야 한다. 도로가 걸어갈 수밖에 없도록 만들어져 있다. 그다음 마을 입구 촌장 집에 있는 방명록에 기록하게 되어 있다. 검은 바두이들은 자카르타 인근에 사는 시골사람들과 다를 게 없었다. 그러나 걸어서 마을로 들어가면 조금씩 다르다. 1시간 걷고 또 1시간을 걸으면 넓은 강은 대나무다리로 만들어져 있다. 조심스레 다리를 건너 계속 산등성이를 타고 올라가면 옛 모습 그대로인 전통마을이 나온다. 집마다 여자들은 베틀 앞에서 쿵더쿵거리며 일을 한다. 천을 짜는 사람들이 중년 아주머니가 아닌 젊은 여자들이라는 게 나는 놀라웠다. 그들은 코를 훌쩍거리는 아이를 옆에 앉혀 놓고 씨실과 날실로 천을 짜고 있었다. 그러나 그들도 가끔 휴대폰으로 문자를 확인하며 얼굴에 미소를 짓는다.

검은 바두이

검은 바두이 안내자에게 나는 꼭 흰 바두이를 만나야 한다고 말했다. 그러나 흰 바두이가 사는 마을에는 그 누구도 들어갈 수가 없다고 말했다. 자신은 검은 바두이이기 때문에 들어갈 수 있지만 타 지역 사람들, 특히 외국인은 절대 못 들어가는 게 그들의 전통이며 관습법이라고 했다. 그렇다면 도대체 어떻게 그들을 만나야 하나? 안내자는 방법을 알려줬다. 흰 바두이들이 가끔 필요한 물건을 사러 검은 바두이 마을에 오는데 그때는 만날 수 있다는 것이다. 그러거나 말거나 산을 넘어가다 보면 흰 바두이가 사는 마을을 볼 수가 있겠지, 도대체 흰 바두이들은 어떻게 생겼을까 점점 더 궁금해지고 있었다. 햇볕이 뜨거운 날에 2시간 정도 걸었더니 조금씩 지치긴 한데 그래도 예쁜 마을 찌짜깔cicakal에 도착했다. 그곳에서 좀 쉬다가 다시 산속으로 걸었다. 지칠 때까지 걸어갈 작정이었다. 그때 하얀 옷차림의 남자들이 걸어오고 있었다. 안내자인 검은 바두이는 나에게 약간 흥분된 어조로 말했다.

"저 사람들이 흰 바두이예요."

아, 나는 항상 운이 좋은 사람인데 오늘도 운이 좋구나.

그들은 마침 바두이 연구가 돈 하스맨 씨와 함께 있었다. 나는 그 연구가에게 바두이족 규율에 대해 간단히 설명을 들었다. 그들은 신발을 신지 말 것, 남들이 태워주더라도 자동차를 타지 말 것 등 여러 가지 규칙사항이 있었다. 만약에 그 규율을 어길 시에는 마을에 10일 동안 들어오지 못하는 벌을 받고

더 큰 규율을 어겼다면 마을에서 추방당한다고 했다.

흰 바두이가 사는 마을에는 그 누구도 들어가지 못하도록 관습법으로 정해져 있다고 하스맨 연구가도 강조하듯 말했다. 자신은 바두이족을 연구하기 위해 10년째 마을을 드나들고 있지만 흰 바두이족 마을에 들어가서 사진을 찍어 본 적이 없다고 했다. 다만 그들이 밖으로 나왔을 때 만나서 사진 찍고 이야기하고 생활문화를 연구하였다고 한다. 스마트폰을 사용하는 시대에 조상들이 만들어 놓은 관습법을 그토록 철저하게 지키는 흰 바두이족들이 너무 훌륭하다고 생각한다.

인도네시아 그 섬에서 멈추다

02
수머당
Sumedang

꼴레세르 페스티벌 | Kincir

인도네시아 서부 자바 수머당의 순다족들은 해마다 라마단 이전에 꼴레세르 페스티벌을 한다. 꼴레세르는 순다어로 '바람에 돌아가는 풍차'라는 뜻이다. 말은 풍차라고 부르는데 사실 내가 봤을 때 풍차라기엔 너무 어설프고 바람개비라기엔 너무 크다. 수머당의 렝가니스^{Rengganis} 산꼭대기에서 약 100개 이상의 꼴레세르가 참가한다. 산꼭대기 높다란 장대 위에 달린 풍차는 3∼7m까지 다양한 높이로 만들 수 있으며 날개에 꼬리가 달린 게 특징이다. 꼬리는 날개가 돌아갈 때 균형을 잡아준다. 바람이 불면 삐거덕삐거덕 소리를 내며 겨우 돌아가는 풍차가 있는가 하면 윙∼윙 하며 세차게 돌아가는 풍차도 있다. 순다족들이 이런 페스티벌을 하게 된 이유는, 그들의 조상이 바람을 보고 농사를 지었고 풍차의 날개가 잘 돌아가는 사람은 그해 농사가 풍년이라 믿기 때문이다. 페스티벌 행사에는 전통춤으로 남녀가 한바탕 신명나게 춤을 춘다. 어린아이에서 노인까지 참가한다. 우승자에게는 트로피가 주어지

꼴레세르 페스티벌

고 라마단 기간에 금식을 열심히 하라는 뜻으로 꽃다발 대신 사룽을 목에 걸어준다.

싱콩을 갈고 있는 부부

싱콩마을, 찌렌데우 | Singkong

자와 서부 찌마히에서 10km 떨어진 찌렌데우 마을 사람들은 주식으로 쌀 대신 싱콩을 먹는다. 사람들은 '싱콩마을'이라고도 부른다. 그들은 조상들로부터 물려받은 것이라 자신들도 싱콩을 밥으로 먹으며, 이걸 어길 시에는 가뭄과 기근이 들 수도 있다고 믿는다. 사실 그들이 싱콩을 먹게 된 데는 이유가 있다. 네덜란드 식민지시대 때 쌀은 귀하여 구하기 힘들

인도네시아 그 섬에서 멈추다

고 야산에는 독이 든 싱콩들이 많이 자라고 있었는데 굶어 죽는 것보다는 독이 든 싱콩을 요리하여 먹는 게 낫다는 생각으로 싱콩을 먹기 시작한 것이다.

다 자란 싱콩 껍질을 벗겨 기계로 갈아서 천을 받쳐두고 물에 씻는다. 여러 번 씻어 독을 빼낸 후 찌꺼기를 햇볕에 잘 말려 밥을 지어 먹고, 가루는 갈분으로 사용한다. 싱콩으로 밥을 만들 때는 소금으로 간을 하여 밥맛은 그런대로 괜찮았는데 씹으면 흰 쌀밥보다 까칠까칠했다. 싱콩으로 오랜 생활을 한 그들은 싱콩 밥, 싱콩 과자를 비롯하여 싱콩으로 여러 가지 스낵까지 만들어 판매를 하고 있다.

성층화산, 빠빤다얀 | Papandayan

자카르타에서 반둥을 거쳐 빠빤다얀 산으로 갔다. 나는 렌터카 기사들이 인근 주변의 길을 다 아는 줄로 생각했다. 더군다나 반둥이나 가룻 등 이름 있는 곳은 가면서 물어봐도 된다고 생각했다. 그런데 그게 아니었다. 기사가 길을 잘못 드는 바람에 옆의 산 중턱까지 올라갔다 내려와 다시 빠빤다얀 입구에 도착했다. 늦은 오후였다. 분화구 호수까지 걸어갔다가 내려오면 아무래도 어두울 것 같아 고민이 되었지만 빠빤다얀은 큰 용암과 화산 쇄설물이 교대로 쌓인 급경사의 성층화산이라기에 나는 뉘엿뉘엿 넘어가는 햇살의 꼬리를 붙잡으며 올라갔다.

분화구 호수로 올라가는 길목에 서 있는 키 작은 나무들의 뿌리가 남자들 건강에 아주 좋다고 가이드가 설명하기에 피부에 좋은 건 어떤 것이냐고 묻자 그런

가룻 빠빤다얀

건 이곳에 없다고 했다. 흘러내리는 물이나 고여 있는 물의 색깔이 흰색이었다. 헉헉거리며 올라간 보람이 있어 내가 본 빠빤다얀 분화구는 보기 좋았다. 무너진 산중턱에는 노란 유황과 가스가 모락모락 피어올랐다. 바뉴왕이 까와 이젠과 비슷한 풍경이었고 초원과 모래사막으로 둘러싸인 브로모와는 뭔가 다른 느낌이었다.

　호수 주변 산등성이에는 주로 1박 2일 코스로 등산 오는 분들이 많다고 하자 그 소리를 듣기라도 했는지 시끄럽게 웃는 소리가 저녁노을을 쫓아내는 듯하였다. 시간이 많았으면 앉아서 찬찬히 둘러보고 싶었는데 그러지 못하여 다음 기회를 계획하면서 내려왔다.

다양한 거석 문화, 수까부미~찝따글라르~마르갈락사나

　수까부미Sukabumi에서 찝따글라르Cipagelar를 지나 마르갈락사나Margalaksana 쩡꾹Cengkuk은 거석문화의 아주 다양한 형태의 유물들이 발견된 곳이다. 약 15세기 빠자자란 왕국 때 사용했던 도구로 추정되며 일부 도자기는 12~15세기 송나라와 명나라의 것으로 추정된다. 선사시대의 것으로 추정되는 것으로는 비석 조랑Jolang돌, 고인돌과 선돌Menhir 등이 있다. 선돌의 크기는 약 4m 정도

뚜그 그데

다. 내가 본 술라웨시 또라자의 선돌 크기와 비슷했다. 그곳에는 돌로 만든 욕조와 회의 장소로 사용하였던 돌로 만든 의자와 탁자 그리고 벼를 찧을 때 사용했던 돌도 있었다. 이 돌은 구멍이 10개나 있으며 넓적한 모양을 하고 있다. 인도

인도네시아 그 섬에서 멈추다

찝따글라르

네시아에서 가장 많은 거석유물이라고 한다. 거석문화의 많은 걸 보여주듯 돌로 만든 여러 가지 다양한 도구들이 많이 있다.

할리문 국립공원 안 찝따글라르 마을

할리문 국립공원 안에 위치하는 찝따글라르 마을은 수까부미 뻴라부한 라뚜에서 차를 타고 산비탈길로 3시간 정도 가야 한다. 산비탈길이기 때문에 일반 차는 좀 힘들고 트럭이나 지프Jeep로 가는 게 안전하다. 찝따글라르는 산중턱에 있는 마을인데 까서뿌한Kasepuhan 9대 족장 아바우기Abah Ugi가 살고 있다. 까서뿌한족은 숲에서 숲으로 옮겨 사는 부족이다. 16세기경 반떤 왕궁의 빠자자란 왕과 전쟁 후 숲으로 도망 와서 산을 개간하여 화전민으로 살아가는 부족이다. 산을 일궈 곡식과 나무를 함께 심는 뚬빵사리(순환) 농법을 사용해

왔고, 산을 일궈 농사지을 수 있는 숲은 가라빤Garapan, 조상들이 후손에게 맡겨둔 숲은 띠띠빤Titipan, 현재 족장이든 후대의 족장이든 터전을 옮겨 살아갈 숲은 아위산Awisan으로 정해 두고 있다. 족장 우기가 다스리는 마을은 314개이며 2만 8천 부족민들로 하나의 군 단위를 이룬다. 찝따글라르 마을에서는 관광객이나 일이 있어 간 일반인들이 민박을 할 수 있으며 방도 아주 많다. 식사 때 나오는 반찬은 논고둥 야채와 산열매 등 모두 자연식이다. 후식으로는 생강에 붉은 설탕을 넣어 푹 끓인 보약빛깔의 생강차까지 배부르게 만들어 준다. 찝따글라르 지역은 산간지대라서 아침저녁으로 매우 쌀쌀하다. 이른 아침이나 늦은 오후가 되면 안개가 산을 타고 마당까지 내려온다. 아침바람이 쓱 불면 안개가 이리저리 쓸리는 모습이 아름답다. 밤이면 별이 총총 박혀 있고 달은 마을을 비추어 준다.

팜유 | Kelapa Sawit

찝따글라르에서 시나르러스미 마을로 가는 도중에는 팜유농장을 지나게 된다. 팜유는 수마트라 섬에서도 많이 보았다. 비행기를 타고 내려다보면 질서정연하게 심긴 모양이 신기하기까지 하다. 서부 자와에도 이렇게 넓은 팜유농장이 있을 줄은 미처 몰랐다. 팜유는 껍질이 아주 딱딱하고 가시가 돋아나 있다.

팜유

03
솔로
Solo

　　중부 자와에 있는 솔로^{Solo}는 수라카르타^{Surakarta}라고도 알려져 있다. 해발 90m에 위치하며, 비옥한 평야가 있고, 자와 섬의 자랑거리인 벙가완^{Bengawan} 솔로 강이 흐르고 있다. 수라카르타^{Surakarta}는 자바 문화의 요람이며, 하나의 도시에 '솔로의 끄라톤^{Kraton. 왕궁}'과 '망꾸너가란 Mangkunegaran'과 같은 두 왕가가 있는데 이 두 왕가의 자손이 오늘날의 자바 문화와 전통의 지도자로 인식되고 있다. 솔로 하면 크게 세 가지를 떠올리게 된다. 바틱, 끄라톤, 그리고 인도네시아 민요인 벙아완 솔로^{Bengawan Solo}이다. 벙아완 솔로 강의 웅장함을 노래한 이 민요는 세계적으로도 잘 알려져 있다. 몇 해 전 솔로 왕궁에서 시누훈 왕이 자신의 응접실에서 키보드로 '벙아완 솔로'를 연주하는 걸 감상한 적이 있다. 솔로에서 벙아완 솔로를 들으니 가슴이 뭉클해지는 느낌이었다. 다음 날 솔로를 떠나올 때 시누훈 왕이 연주했던 벙아완 솔로 연주가 귓가에서 맴돌았다.

바틱의 센트럴, 라웨엔 | Batik, laweyen

바틱의 본고장 솔로에서도 라웨엔은 센트럴 지역이다. 마자빠힛 왕국에서
부터 전해내려 오면서 솔로와 족자카르타로 퍼지게 되었다. 원래 바틱은 왕
궁에서만 사용되었고 왕이 특별히 사용하는 문양이 있다. 그 문양은 왕궁 내
의 압디달럼(하인)들은 사용할 수 없도록 금지되어 있다. 바틱이 외부로 퍼지
기 시작한 건 궁내의 사람들이 외부에서 바틱의 문양을 따라서 만들기 시작
하면서부터 일반인들에게 퍼지게 된 것이다. 바틱은 암바틱 Ambatik에서 가져
온 것인데 천에 점을 찍고 그린다는 뜻이다. 바틱은 천에 그리고 촛농을 덮고
염색하여 여러 번 작업하는 기법을 말하며 바틱의 염료는 자연색으로 나무나
풀, 열매로 만들어 염색한다. 바틱을 만드는 고장 라웨엔에 가도 볼 수 있고,

까우만Kauman은 바틱의 제조과정을 볼 수 있는 관광코스로 되어 있어 직접 그려보고 찍어보는 체험을 할 수가 있다. 솔로에 있는 끌레웨르Klewer 시장이 인도네시아 전국에서 가장 큰 바틱 도소매시장이다.

까우만 바틱 염료 작업

바틱을 사랑하는 솔로 여인

04

족자카르타
Yogyakarta

●●족자카르타 시는 특별시다. 면적은 32km이고 인구는 약 350만 명이 살고 있다. 북쪽으로 머라삐 화산과 끄라톤을 중심으로 남쪽바다 빠랑뜨리띠스Parangtritis까지 일직선을 이루는 도시이다. 인도네시아에서 대표적인 교육도시이며 고대의 유적이 많은 문화도시로 손꼽히고 해마다 수많은 관광객들이 찾는 도시이다. 여행자들이 주로 찾는 곳은 말리오보로거리, 끄라톤 왕국, 머라삐 화산, 인드라얀띠 해변, 우당바뚜가 유명한 띠망 해변, 그리고 바띡 거리다.

족자카르타 뚜구탑

인도네시아 그 섬에서 멈추다

말리오보로 거리

족자카르타의 심장, 말리오보로 거리 | Malioboro

말리오보로 거리는 족자카르타의 심장이라고 할 수 있다. 그곳에 가면 뭐든 다 있다. 안동(마차)을 타고 시내를 달리면서 말발굽 소리에 박자를 맞춰 보는 것도 흥겨운 일이다. 아니면 인력거를 타고 다니면서 전통음식인 나시 구덕을 사 먹어도 좋고, 더운 날씨 때문에 입맛을 잃었다면 아얌뻐더스라고 적힌 식당 2층에서 매콤한 음식을 먹으며 땀을 흘려도 좋다.

가게마다 파는 액세서리나 바틱으로 된 옷 한 벌 사 입고 부채 하나 사 들고 말리오보로 거리를 끝까지 걸어 광장에서 사람들 구경을 해 보는 것도 좋다. 거리 끝에는 네덜란드 식민지 때 정부청사로 사용되었던 거둥아궁^{Gedung Agung}이 있다. 건물 앞에는 브레덴버그^{Vredenburg} 박물관이 있으며 전시회나 이벤트가 열리기도 한다. 말리오보로 가야만 족자카르타를 알 수 있다.

인도네시아 안 또 하나의 왕국, 족자 | Jogja

족자는 고색창연한 도시이며 인도네시아 안에 존재하는 하나의 왕국이기도 하다. 7세기 신마따람 시대부터 시작되어 1300년이 지난 오늘까지 이어지는 족자 왕국은 인도네시아 땅 전체가 네덜란드에 의해 350년을 지배당했음에도 불구하고 멸망하지 않고 버젓이 존재했던 그야말로 유구한 역사와 전통을 고수해온 왕국이다. 족자 왕국이 온갖 수난과 변화의 사건 속에서 그 오랜 세월을 지탱해올 수 있었던 힘의 근원은 과연 무엇이었을까?

그것은 바로 자와인들이 마음의 고향으로, 또는 신앙의 고향으로 여기는 고귀한 끄라톤이 그곳에 존재하고 있기 때문이다. 끄라톤은 영적인 곳으로 상상의 선^{Sumbu Imajiner}을 연결하는 중간 위치이기 때문이다. 몇 해 전 하멍꾸부워노 10세^{Sultan Hamengkubuwono}와 인터뷰를 한 적 있다. 그때 그 연결순서가 매우 중요하다고 강조하던 일이 아직도 생생히 기억난다.

관광객들은 왕궁을 방문하여 으리으리한 궁내를 돌면서 가이드를 통해 역사를 듣고 볼 수 있으며, 궁내에서 압디달럼(하인)들이 전통복장을 하고 일하는 모습을 볼 수도 있다. 국민들이 TV로 대통령을 보는 건 날마다 가능하지만 실제로 대통령을 만나기는 어렵듯이 족자의 백성들도 왕을 만나기는 참으로 어려운 일이다. 그러나 왕궁에서 왕과 만날 수 있고 악수까지 나눌 수 있는 날이 있다. 그날은 바로 이슬람의 라마단 금식이 끝나고 이둘 피뜨리^{Idul Fitri}가 지나고 일주일 후인 사왈란^{Sawalan} 날이다. 방문객도 가능하다. 나 또한 자와 전통복장을 입고 왕궁에서 공주들과 함께 식사도 하고 사진도 찍었다.

사왈란 날은 또한 일 년 동안 서로의 잘못을 사과하고 용서를 구하며 덕담을 나누는 날이다. 이날은 족자 시민들이 왕궁 입장권 없이 입장할 수 있다. 꼭 시민이 아니더라도 참석할 수 있다. 왕에게 인사를 드리고 덕담을 듣고 왕궁에서 맛있는 음식도 먹을 수 있다. 현대식으로 말하자면 오픈 하우스 데이^{Open House day}이고, 이슬람식으로는 할할 비할랄^{Halal Bihala}이며, 나의 경험으로

끄라톤 왕궁

보면 족자 시민들의 잔칫날이다.

　바틱 차림의 왕(술탄) 하멍꾸부워노 10세와 왕비는 장사진을 이룬 남녀노소들과 한 사람씩 악수를 나누고, 덕담을 한다. 어떤 아저씨는 악수하기 위해 줄을 서 있으면서 손수건을 꺼내 자신의 손을 여러 번 닦기도 했다. 왜 그러는지 물어보자 "왕과 악수를 하려니 너무 떨려서 손에서 자꾸 땀이 난다"고 했다. 왕과 한 번 악수한 그 기쁨으로 일 년을 살아가던 그 백성(아저씨). 어디서든 나눠 주는 사랑이 가장 큰 사랑 아닐까. 족자 왕궁은 족자 사람들에게 정신적인 지도자일 뿐만 아니라 해마다 그들에게 행복과 기쁨을 충전해 주는 몫을 하고 있었다.

> **tip!**
>
> 끄라톤 왕궁
> 평일 운영시간:
> 08:00~14:00
> 월~금요일 공연:
> 와양오랑, 퍼포먼스댄스,
> 가멀란 음악 등

뻐럼반안

가슴 뛰는 뻐럼반안 | Prebanan

족자로 여행 온 사람이 의무적으로 가야 할 곳이 하나 더 있다. 힌두사원 뻐럼반안이다. 나는 뻐럼반안에 수십 번 가보았지만 갈 때마다 가슴이 뛰는 건 왜 그런지 아직도 모르겠다. 로로 종그랑 여인의 전설 때문일까? 아니면 늘씬하게 서 있는 탑들 속으로 들어서면 나도 하나의 탑이 되어 버리기 때문일까.

족자 중심지에서 17km가량 떨어진 뻐럼반안 사원은 10세기에 지어진 아름다운 건축물로 높이는 47m(보로부두르 사원보다 5m 더 높음)이며 자바 섬 내 힌두 왕국의 번영했던 나날들을 잘 보여주고 있다.

이 사원에는 전해오는 전설이 있다. 옛날 반둥 본도워소라는 남자의 구혼을 받아들이기 싫었던 로로 종그랑이라는 여인이 하룻밤에 탑 천 개를 세워 줄 것을 조건으로 내세웠다. 본도워소가 미지의 힘으로 천 개의 탑을 다 세워 갈 때쯤 로로는 마을 사람들에게 부탁하여 밥을 짓고 불을 피워 벌써 아침이 밝아온 것처럼 속였다. 999개의 탑밖에 만들지 못했던 본도워소는 이에 분노해 저주를 내려 로로를 1,000번째 탑으로 만들어 버렸다고 한다.

인도네시아 그 섬에서 멈추다

뼈럼반안 사원의 앞 단에는 뜨리무르띠 신들의 사원, 즉 위스누(창조신) 사원, 브라마(유지신) 사원, 시바(파괴신) 사원들이 있으며 모두 동쪽을 향하고 있다. 각 사원은 11개의 보조 사원을 지니고 있다. 뼈럼반안 사원의 뒷 단에는 224개의 사원이 존재하고 있다.

tip!

뼈럼반안

운영시간:
06:00~17:00
입장료
외국인: 성인 20달러
내국인: 성인 30,000루피아

아름다운 무언극, 라마야나 발레 | Ramayana Ballet

발리에는 께짝 댄스가 있고 족자에는 라마야나 발레가 있다. 뼈럼반안의 한밤의 야외무대에는 라마야나 발레 공연이 있다. 꼭 권하고 싶다. drama(연극), Tari(춤)가 공연되며 가끔 가수들의 콘서트도 열린다. 라마야나 공연은 무언극이며 무대 옆 대형스크린에 영어와 인도네시아어로 자막이 나온다. 공연장에서는 배우들도 봐야지 자막도 읽어야지 바쁘다.

• **라마야나 줄거리**　만띨리 나라의 왕에게는 예쁜 딸 신따가 있었다. 공주의 신랑감을 고르기 위해 왕은 시험을 치르도록 하였고, 아요디야 왕국의 황태자, 라덴 라마 위자야^{Raden Rama Wijaya}가 그 시험을 통과했다. 알랭까 왕국의 왕, 쁘라부 라와나 왕자와 백성들과 함께 큰 잔치를 열었다. 그 잔치에 왕의 동생이 단다까 숲에서 예쁜 여자를 데리고 있는 한 무사와 싸워 겼으니 울면서 도와달라고 한다. 화가 난 라와는 그 무사를 죽이러 간다. 한편 라마 위자야와

라마야나 발레

그의 아내 신따, 그리고 동생과 단다까 숲을 지나가고 있었다. 라와나는 데위 와띠를 오랫동안 사모했는데 신따를 보고 그녀가 자신이 그토록 원하던 이상 형이라 생각한다.

라와나는 신따를 가지고 싶은 욕심에 자신과 함께 왔던 깔라마리짜를 사슴 으로 변하게 해서 신따를 유혹하게 만든다. 예쁜 사슴을 본 신따는 라마 위자 야에게 사슴을 잡아달라고 조르게 되고, 라마 위자야는 사슴을 잡으러 신따 를 두고 간다. 사슴을 잡으러 갔던 라마 위자야가 돌아오지 않자 걱정이 된 데 위 신따는 동생에게 형 라마 위자야를 찾으러 가라고 시킨다.

신따의 안전이 걱정된 동생은 신따 주위에 마법의 원을 그어 놓고 형을 찾 으러 떠난다. 데위 신따가 혼자 남겨지자 라와나는 그녀를 납치하려고 하지 만 그려진 원 때문에 접근할 수가 없었다. 라와나는 자신을 늙은 수행자로 변 하게 해서 신따 곁으로 다가가고, 측은함을 느낀 신따가 돈을 주려고 원 밖으 로 나왔을 때 라와나는 신따를 알랭까 왕국으로 데려간다.

알랭까 왕국에 도착한 데위 신따는 라와나의 청혼을 거절하므로 처형당할 위기에 놓였지만 라와나의 조카의 부탁으로 목숨을 건지게 된다. 싸움은 계 속되고…….

싸움이 끝난 후 하누만은 라마 위자야에게 신따를 데려다 주지만 신따가 더 이상 순결하지 않을 거라고 생각하고 그녀를 거부한 다. 그리고 신따에게 자신의 순결을 확인시키라고 하자, 신따는 자신을 불구덩이 속에 던진다. 신따의 순결함과 불의 신의 도움으로 신따는 불길에서 무사할 수 있었고 이 사실을 확인한 라마 위자야는 신따를 받아들인다.

tip!

라마야나 발레

공연시간:
화요일, 목요일, 토요일
19:30~21:30

인도네시아 그 섬에서 멈추다

은세공

꼬따그데 은세공 거리 | Kerajinan Perak

족자의 꼬따그데에 가면 은세공 거리가 있다. 은덩어리를 녹여서 가늘고 길게 실처럼 뽑아서 액세서리를 만든다. 한마디로 말해 못 만드는 것 없이 다 만든다. 반지, 인형, 인력거에서부터 보로부두르까지 만들어내는 그 정교한 솜씨에 놀라지 않을 수 없다. 여행자들이 꼭 들러보는 곳으로, 은으로 액세서리 만드는 손놀림이 마치 바늘에 실을 꿰어서 바느질하는 것처럼 능숙하다. 족자에 가면 은세공 거리를 기억하자.

족자의 아이콘 머라삐 화산 투어 | Merapi Tour

족자의 아이콘인 머라삐 산(2,920m)은 폭발로 인해 지금껏 많은 재해를 가져왔다. 그래도 족자 머라삐를 사랑할 수밖에 없는 까닭은 머라삐 산이 없는 족자는 생각할 수도 없기 때문이다. KBS의 <KBS 파노라마> '백두산은 깨어

나는가' 편을 취재하면서 2010년도 머라삐 산이 폭발하면서 남겨 놓은 흔적
들을 보았다. 산기슭에 살던 사람들 약 300여 명이 목숨을 잃었고 수많은 사
람들이 긴급 대피하면서 그때 거침없이 흘러내린 화산 쇄설물에 다친 사람을
만나 보았다. 흔적이라곤 집터뿐인 그곳에서 땅을 파자 부서진 뼈들이 나왔
다. 머라삐 화산의 폭발은 대단했다. 그러나 족자 사람들의 용기와 지혜는 더
대단하다. 화산이 남겨 준 흉물을 마음 아파하지 않고 위기를 기회로 만들어
관광코스로 만든 것이다. 화산 중턱에 가면 그곳에서 지프를 타고 머라삐 투
어를 할 수 있다. 투어를 하다 보면 천재지변의 위력과 자연이 가진 아름다움,
그리고 사람들의 지혜가 보일 것이다.

자와 섬의 그랜드캐니언, 깔리오빡 | Kali Opak

오빡 강은 2010년 머라삐 화산 폭발로 인해 화산 쇄설물이 흘러내린 흔적
을 그대로 가지고 있다. 이제 몇 년의 세월이 흘러서 굴러다니던 돌멩이들도

인도네시아 그 섬에서 멈추다

제자리를 잡았고 풀들도 살아나 자연의 모습으로 조금 치유된 듯했다. 화산으로 피해 입은 주민들이 강을 따라 관광코스를 만들었는데 오빠 강줄기를 따라 지프를 타고 가면서 나는 오빠 강을 자와 섬의 그랜드캐니언이라 말하고 싶어졌다.

김이 모락모락 올라오는 깔리아덤 | Kali Adem

깔리아덤 역시 머라삐 투어의 하나이다. 2010년 대분화로 인해 아직도 땅속에 뜨거운 용암이 묻혀 있는지 김이 술술 올라온다. 그곳에 가면 안개가 자욱한 곳에 서 있는 기분이 들 것이다. 커다란 바위틈에서도 뜨거운 김이 모락모락 피어오르고 사람들은 그 속을 좋다고 다니면서 사진도 찍고 한다. 나도 그랬다.

깔리오빠

깔리아덤

시간이 멈춰버린 머라삐 박물관 | Museum Jam Merapi

그곳에 가면 멈춰버린 시계가 있다. 2010년 11월 5일 금요일 12시 50분 그 순간을 영원히 붙잡아 둔 벽시계. 소의 뼈들이 진열되어 있고 벽에 걸어 둔 기

머라삐 박물관

타가 불에 타 버렸다. 가위로 오려 붙이던 색종이처럼 찢어진 옷가지들이 남아 있고, 커피 마시던 찻잔이 녹아내린 채 그대로 있다. 아이들 장난감도, 노래 듣던 CD들도, 그리고 찌그러진 TV 모니터도 그대로 있다. 그것들을 볼 때 내 심장도 찌그러지는 듯 아팠다.

박물관 입구에 '내 소중한 재산 다 없어졌다'는 글귀가 적혀 있다. 정해진 입

인도네시아 그 섬에서 멈추다

장료가 없고 성의껏 담으라고 입구에 놓인 작은 통을 하나 두고 주인이 지키고 있다. 나는 지폐 한 장을 꺼내 기도하는 마음으로 그 통에 넣었다.

아늑한 순닥 해변 | Sundak

순닥 해변은 아늑하지만 절벽이나 바위 풍경이 멋스럽고 바다의 시원함을 느끼게 해 준다. 해변 모서리에는 몇 개의 파라솔들이 준비되어 있어 언제든 쉴 수 있다. 순닥 해변에는 몇 개의 식당들이 있는데 어부들이 갓 잡은 로브스터처럼 생긴 돌새우를 싸게 먹을 수 있다. 순닥 해변은 주말이나 공휴일이면 돌새우 먹으러 오는 관광객들로 붐빈다. 매일 아침 어부들이 돌새우를 잡아 수협에 납품하기도 하지만 관광객들에게 팔기도 한다. 어부들은 배를 타거나 절벽에 올라가서 그물이 달린 걸굴렁쇠를 바닷속에 내려 두었다가 한참 뒤 굴렁쇠를 끌어 올리면 그물에 돌새우가 걸려 있다. 목선 배 한 척당 많이 잡을 때는 20kg씩 잡는다고 한다. 돌새우의 맛은 아주 쫄깃쫄깃하여 씹는 맛이 좋다. 어부들은 목선을 타고 바다로 나가면 3시간 정도 물고기를 잡고 돌아온다. 순닥 해변에 가서 목선을 타고 어부들과 돌새우를 잡아보는 것도 귀한 추억 여행이 될 것이다.

순닥 해변

싱싱한 해산물을 맛볼 수 있는 데뽁 해변 | Depok

데뽁 해변은 족자 시내에서 가깝다. 해변을 달릴 수 있는 탈것들이 준비되

ATV 렌트

데뽁 해변의 해산물 구이

어 있으며 수산물도매시장이 있어 해산물구이를 먹으로 가는 관광객들이 많다. 데뽁 해변 장터에서는 주말이면 노래자랑이나 여러 가지 행사를 많이 한다. 해산물은 발리에서 먹는 것과는 다르지만 족자의 맛과 자와 음식 맛의 핵심인 삼벌(양념)은 입맛을 돋워 줄 것이다. (ATV 렌트 15분에 30,000루피아)

도자기 천국 까송안 | Kasongan

족자를 다니면서 도자기를 많이 보았을 것이다. 족자에는 부드러운 흙을 채로 쳐서 반죽해 그릇이나 사람, 동물들의 형상을 만들어 파는 곳이 있다. 바

까송안

로 까송안이다. 그릇뿐만 아니라 여러 가지 장식품을 만들어 수출한다. 주로 가내공업이 많으며 만들어진 틀에 반죽된 흙을 넣고 찍어내기 때문에 대량생산이 가능하다. 여러 제품들이 생산되므로 가볼 만한 곳이다.

인도네시아 그 섬에서 멈추다

인드라얀띠 해변은 해운대? | Indrayanti

인드라얀띠 해변에 가는 방법은 족자에서 워노사리를 출발해서 떠뿌스 쪽까지만 가면 인드라얀띠 해변을 알려주는 수많은 표지판을 만날 수 있다. 인드라얀띠 해변은 부드러운 모래가 있고 그 모래 위에 파라솔이 즐비하게 꽂혀 있다. 마치 해운대 해수욕장 같다는 느낌이 들 것이다. 게다가 해변 옆 바위섬으로 등산 겸 사람들이 많이 올라간다. 인드라얀띠 해변에는 숙박시설이 되어 있다. 그곳에서 하룻밤을 보내는 것도 신나는 일이 될 것이다.

인드라얀띠 해변

인도네시아 여행자들의 참새 방앗간, 보로부두르 | Borobudur

여행을 좋아하여 인도네시아 족자까지 왔다면 여행자가 꼭 가야 할 곳, 참새에게 방앗간 같은 곳이 있다. 보로부두르 사원이다.

보로부두르 사원은 1,460개의 조각과 540개의 불사리탑을 지닌 불교사원으로 세계 불가사의 유산에 속한다. 보로부두르 사원은 마따람 왕국의 사마라뚱가 왕에 의해 건축되었으며 까윱웅안 비문에 의하면 824년 5월 26일에 완공되어 100년 가까이 되는 시간 동안 건축되었다고 한다.

'높은 곳에 있는 수도원'이라는 뜻의 보로부두르 명칭은 계단식 산이라는 의미의 단어인 '부다라'에서 유래되었다고 한다. 보로부두르는 총 10층으로 이루어져 있으며 본래 높이는 42m였지만 여러 보수 공사 후 34.5m로 축소되었다. 가장 아래층인 1~6층까지는 사각 형태를 띠고 있으며 그 위 3층은 원

보로부두르

형을, 그리고 가장 위층은 서쪽을 향한 불사리탑이 위치하고 있다. 각 층은 인간의 여생을 나타낸다. 모든 중생들은 부처가 되기 위해 각 층이 의미하는 인생의 단계를 거쳐야 한다는 의미를 담고 있다.

보로부두르는 사진이나 설명으로는 간에 기별도 가지 않는 정보일 것이다. 직접 가서 딛고 올라서서 눈으로 살펴보고 손으로 만져봐야 만족할 것이다. 이른 새벽 보로부두르에서 불상 어깨 너머로 일출을 보면 잠자던 당신의 꿈과 희망이 기지개를 켤 것이다.

띠망 해변의 별미, 우당바뚜 | Udang Batu

족자 시내에서 차를 타고 2시간 정도 가면 띠망 해변이 나온다. 띠망 해변으로 가는 길은 마을에 접어들면 자갈길이다. 위치 또한 동부 자와와 인접해 있어 족자에서 가장 동쪽에 위치한 인도양의 해변이다. 이 해변에는 우당바 뚜가 많다. 우당바뚜를 그들은 로브스터라고 부르기도 한다. 그러나 로브스 터에 있어야 할 집게가 없다. 내가 먹어 본 띠망 해변의 우당바뚜는 쫄깃쫄깃 하여 발리 짐바란의 로브스터보다 더 맛있었다. 이렇게 귀한 우당바뚜를 잡 으려고 마을의 아저씨들 6명이 해변 건너편의 바위섬과 연결하는 나무케이 블카를 만들었다. 그중에 제일 나이 드신 분이 자카르타 따만미니에서 케이 블카를 보고 저렇게 옮겨가는 것만 있으면 우당바뚜를 많이 잡을 수 있을 텐 데 하는 아이디어를 내 만들었다고 한다.

처음 띠망 해변에 갔을 때는 여러 번 놀랐다. 위험한 절벽으로 길이 나 있는 게 놀라웠고, 역동적인 인도양이 바닷물을 둘둘 말아 높은 절벽에 던져버리 자 물들이 하얗게 질려 와르르 부서지면서 바다로 떨어지는 광경에 또 한 번 놀랐다. 파도가 장대높이뛰기처럼 높은 절벽 위로 훌쩍 뛰어넘어 버리는 것 도 재미있었다. 그 재미에 빠져 절벽으로 가까이 더 가까이 갔다가 등허리를 두들겨 패는 파도에 밀려 바위에 엎어졌다. 순간 정신은 멀쩡한데 몸이 움직 이질 않았다. 한참을 엎드려 있다가 함께 갔던 주민들이 나를 부축해 나무 아 래로 데려다 주었다.

그때 바다를 촬영하던 '아시아 헌터' 프로그램의 김용광 PD가 내가 어디에 있는지 몰라 자꾸만 불렀다. 그러나 바위에 콕 찍힌 턱 때문에 입을 움직일 수 가 없었고 대답도 할 수가 없었다. 주민들이 대답하여 주자 내가 있는 곳으로 달려왔다. 턱이 아파 울상이 된 나에게 걱정 한 마디 던져 주고는 카메라로 나 를 찍었다.

그리고 그는 고민에 빠졌다. 내가 다쳤으니 촬영이 불가능하다고 돌아가자 고 했다. 그러나 오늘 아니면 촬영할 시간도 없다는 걸 누구보다 내가 알기에 나는 괜찮다고 말했다. 그리고 씩 웃으면서 손수건을 꺼내 턱을 감쌌다. 그리

띠망 해변의 바위섬을
연결하는 나무케이블카

고 나무케이블카를 타겠다고 앞장섰다. 그때 김용광 PD의 심정이 어떠했는지 모르겠지만 감동을 받은 것 같았다.

턱을 손수건으로 묶고 이마에는 고프로gopro 카메라를 달고 바다를 건넜다. 거울이 없기도 했고, 있어도 볼 여유가 없어 몰랐는데 나중에 TV 화면으로 보니 일그러진 내 몰골이 말이 아니었다. 지금까지도 그 모습을 생각하면 창피해진다. 그런데 그 프로그램이 멋져서 여러 채널에서 수십 번 재방송한 것 같다. 창피였던 그 띠망 해변, 그러나 귀한 시간이었다고 생각한다. 누구든 족자에 가면 시간을 내서 띠망 해변에 가 케이블카를 타보라고 권하고 싶다. 높은 목조의자에 앉아 바다를 가르는 그 체험이 얼마나 자신을 용기 있게 만들어 주는지, 띠망 해변의 우당바뚜는 또 얼마나 맛있는지, 그리고 삶의 산수화 같은 띠망 해변의 바다 절경은 얼마나 아름다운지 직접 가서 느껴보길 바란다.

인도네시아 그 섬에서 멈추다

성실을 배우는 겐동 기왕안 시장 | Gendong

톱스타들이 대거 출연하는 SBS <맨발의 친구들>을 떠들썩하게 만들었던 겐동 기왕안 청과물 도매시장에 가면 노인들에게서 성실함과 진실한 삶을 배울 수 있다. 가끔 내 생활에 투정을 부리고 싶거든 기왕안 시장에서 아주머니와 할머니들을 보아라. 아마 자연스럽게 마음가짐이 반듯해질 것이다. 그들이 등에 짊어진 바구니의 무게는 50~90kg. 그리고 그렇게 보통 20~40m를 걷는다. 상인들이 과일을 도매로 사면 시장 안에서 자동차까지 옮겨주는 일을 하는 짐꾼이다. 등이 굽은 할머니가 무거운 발걸음을 옮길 때마다 나는 할머니 발자국을 따라 내 발자국을 옮겨 놓아 보았다.

힘겹게 짐을 짊어지고 가는 할머니

바삐아

입에서 살살 녹는 바삐아 골목 | Bakpia

말리오보로 옆으로 나오면 바삐아 골목이 있다. 한 집 건너 한 집이 아니고 집집이 만들어 낸다. 송편 모양이면서도 과자 모양을 한 바삐아는 달콤한 맛이 난다. 특히 갓 구워낸 바삐아는 입에 넣으면 살살 녹는다. 바삐아 하나를 입에 넣고 살짝 깨물면 겹겹이 쌓인 빵(?) 속이, 안에 들어 있는 앙꼬와 어우러져 입안을 즐겁게 해 줄 것이다. 다른 지역에서도 바삐아를 팔지만 족자의 바삐아가 가장 유명한 특산품이다.

인도네시아 식 닭튀김, 아얌 고렝 | Ayam Goren Suharti

족자에 가면 아얌 고렝을 꼭 먹어 봐야 한다. 여러 군데서 팔고 있지만 가장 원조는 이부 수하르띠SUHARTI 식당이다. 한 마리 또는 반 마리씩 주문을 받으며 튀김껍질을 어떻게 하였는지 간이 딱 맞고 아삭아삭하여 깨물면 사르르 녹아내리는 게 혀를 흥분시킬 것이다. 그냥 가서 먹어 보면 알게 된다.

아얌고렝

인도네시아 그 섬에서 멈추다

50가지 반찬을 맛볼 수 있는 붐부데사 | Bumbu desa

　족자에 갈 때마다 찾는 음식집이 있다. 바로 붐부데사다. 자카르타에 있는 음식점보다 맛이 더 훌륭하고 분위기도 좋아 족자에 갈 때마다 내가 찾는 곳이다. 놓여 있는 반찬이 아마도 50가지는 될 것이다. 그중에서 자신이 먹고 싶은 걸 선택하면 접시에 담아 준다. 여러 가지 반찬이 동시에 나오는 빠당과는 다르다. 여러 반찬 중에서도 갈비는 맛이 담백하고 한번 먹으면 자꾸 손길이 간다. 양념과 야채는 여러 가지 있는데 셀프이다.

05

수라바야

Surabaya

•• 수라바야는 국제공항이 있으며 인도네시아 제2의 산업, 무역, 비즈니스 도시이다. 독립운동의 깊은 역사가 묻어 있는 영웅의 도시이기도 하다. 전쟁신화에 나오는 상어(수라)와 악어(바야)의 수라^{sura} 바야 ^{buaya}에서 유래해 수라바야가 된 것이다. 옛날에 상어와 악어가 먹이 때문에 많이 싸웠다. 둘 다 힘이 세고 머리도 좋아서 싸움은 끝나지 않았다. 그러던 어느 날 상어가 제의를 했다. 나는 바닷물에서 살고 먹이도 바다에서만 찾고 너는 땅과 강에서 살고 먹이도 물속에서만 찾아야 한다. 그런데 상어가 강에서 먹이를 찾다가 악어에게 들켰다. 악어는 화가 나 둘은 죽을 때까지 혼신을 다해 싸웠다는 이야기다.

수라바야

인도네시아에서 가장 큰 담배회사 삼뿌르나 하우스 | Sampoerna

수라바야에 삼뿌르나 하우스가 있다. 1858년 네덜란드 식민지시대 때 지어진 고급스러우면서도 역사적인 건물이다. 원래 이 건물은 고아원으로 사용하기 위해 지어진 것인데 1932년 임씨에 의해 삼뿌르나 담배공장으로 사용하게 되었다. 인도네시아에서 가장 큰 담배회사 삼뿌르나^{Dji Sam Soe}가 90주년을 맞은 해인 2003년부터는 일반인들에게 개방하였다. 담배를 손으로 직접 제조하는 과정을 볼 수 있으며 관광객들에게 다양한 경험을 제공해 준다. 가장 인기 있는 담배는 234이다. 담배 만드는 내용물은 9가지가 있는데 3가지씩 믹스하여 상품으로 내놓았는데 가장 잘 팔린 것이 2, 3, 4번 종류 3가지를 믹스한 것이라고 한다. 박물관, 카페, 예술, 갤러리 등이 있으며 서쪽에는 저택이 있다. 기념품으로 예전의 담배모양과 정향 그리고 책이나 기념품 T셔츠를 살 수 있다.

삼뿌르나 하우스

인도네시아 정통 과일샐러드 루작 | Rujak

루작은 지역마다 독특한 맛을 가진 인도네시아 정통 과일샐러드이다. 그중에서 수라바야 루작마니스와 울럭을 소개한다. 울럭은 오이, 숙주나물, 깡꿍, 론똥, 두부 등 매콤한 양념으로 콩과 마늘을 소스로 만든다. 루작마니스는 잘익은 망고, 블림빙, 부비지, 파인애플, 수박, 낭까 사과, 파파야, 멜론 등등 과일에 붉은 설탕과 땅콩을 섞어 고소하고 달콤한 양념을 곁들여 먹는다.

매년 5월이면 끔방저뿐 지역에 루작울럭 축제가 열린다. 주로 참가하는

루작

사람들은 루작 파는 상인들이며 참가조건은 특이한 복장을 입어야 한다는 것이다. 이를테면 군복이나 농부와 어부 또는 그림자 인형극 와양에 등장하는 인물이나 우스꽝스러운 광대 옷을 입어 눈길을 끌기도 한다. 블리따르에서 유명한 루작찡우르도 먹어 보았는데 찡우르(?)의 질겅질겅 씹히는 맛이 독특했다.

검은색 국밥, 라원세딴 | Rawon Setan

라원은 동부 자와 사람들이 좋아하는 검은색 국밥이다. 식당에 가서 '나시 라원'을 주문하면 물어보지도 않고 국에 밥을 말아서 내준다. 국물에 말아버린 밥을 먹기 싫으면 미리 국 따로 밥 따로 주문하면 된다. 라원은 큼지막하게

인도네시아 그 섬에서 멈추다

썬 쇠고기와 특별양념 끌루웍Kluwek 열매로 만든 검은색 국물이 특징이다. 얇게 썬 마늘과 싹이 튼 숙주, 끄루뿍과 삼벌(양념)을 얹어서 먹는다. 이 맛은 약간 달달한 맛이며 인도네시아 사람들 입맛에 아주 딱 맞다. 라원 중에 제일 맛있는 건 라원세딴Rawon Setan이다. 라원세딴은 인도네시아 라원의 원조이다. 엔당할머니Mbak Endang가 만든 이 라원세딴은 엄봉말랑에 있으며 JW Marriot 호텔 맞은편에 있다. 라원 속의 고기는 큼지막하지만 질기지는 않다. 달콤하면서 매운 삼벌과 어우러진 맛을 동시에 느낄 수 있으며 뜨거운 홍차와 함께 마시면 라원만의 별미를 즐길 수 있다. 사람들은 말한다. 수라바야에 가서 라원세딴을 먹지 않고 왔다면 그건 가보지 않은 것이나 다름없다고. 라원은 주로 바쁘게 길 떠나는 사람들이 많이 찾는 음식이다. 이를테면 운전기사가 차를 세워놓고 잠시 한 그릇 후루룩 말아먹고 가던 길을 가듯이.

라원세딴

06
마두라
Madura

마두라 섬은 동부 자와 북동쪽에 위치하는 섬이다. 면적은 약 5,250km^{2}로 발리 섬보다 조금 작으며 약 400만 명의 인구가 살고 있다. 마두라는 마두까라^{Madukara}라는 말에서 나왔으며 데와 위스누신이 만든 소타는 신의 이름이다. 마두라 섬은 인도네시아에서 가장 많은 천일염을

마두라 염전

생산하여 소금의 섬이라고도 불린다. 마두라 섬으로 가는 방법은 수라바야 딴중뻬락 항에서 페리를 이용하여 가는 방법도 있고 자동차로 수라마두교를 통과하는 방법도 있다. 마두라의 특산품은 쩰리룻Celirut이다.

마두라 섬의 가장 큰 행사, 까라빤사삐 | Karapan Sapi

까라빤사삐는 마두라 섬 전체의 가장 큰 행사이다. 해마다 8월부터 동대회로 시작하여 10월 대통령배로 결승전까지 열린다. 까라빤사삐에 참가하는 소들은 경기하기 전에 꽃과 액세서리를 달아 예쁘게 치장해 주고 달리기 할 거리를 기수와 함께 풍악을 들으며 워밍업한다. 두 마리의 소가 한 쌍이 되어 뛰는 이 경기는 논을 갈던 농부 2명이 어느 소가 더 빨리 논을 가는지 시합을 하다가 오늘날까지 전해지는 전통문화이다. 2마리의 소 중간에 써레처럼 생긴 긴 막대기의 까레스를 걸쳐 놓고 달린다. 멀리서 바라보면 운동장에서 소가 달릴 때 까레스에 의해 먼지가 풀풀 나는 게 마치 소가 밭갈이 하는 모습을 연상케 한다. 2012년에 까라빤사삐 대통령배에 정부와 주민들의 마찰이 있었다. 뻐쭈라는 못이 박힌 막대기로 소의 엉덩이를 찔러 피가 흐르게 하는 건 동물학대에 속한다며 지방정부에서 경기를 진행하지 못하도록 하였다. 하지만 조상대대로 내려오는 전통을 지켜야 한다는 주민들이 반발하여 큰 소동이 있었으나 계속 이어졌다고 수머넵관광청에서 알려줬다.

까라빤사삐

천연가스가 피어오르는 라랑또꼴 마을 | Larangan Toko

마두라 섬 빠머까 산으로 들어가다가 보면 도로변에 'API TAK KUNJUND PADAM'이라 적힌 작은 간판이 있다. 간판 있는 곳에서 왼쪽으로 약 500m 들어가면 라랑또꼴 마을이 나온다. 그곳은 땅속의 묻힌 천연가스가 피어오르는 곳이다. 비가 오나 바람이 부나 항상 불꽃이 타오르고 있어 관광지로 유명하여 많은 관광객들이 몰려든다. 갈 때는 오징어나 쥐포를 가져가서 구워 먹으면 여행이 더 신날 것이다.

인도네시아 그 섬에서 멈추다

07
브로모
Bromo

•• 브로모는 고원지대에 있는 활화산이다. 브로모의 높이는 해발 2.392m이며 분화구 둘레는 **4km** 정도가 된다. 멀리 배경으로 보이는 스메루 산이 있고 분화구 바로 옆에는 화산의 흔적으로 골이 깊게 팬 사화산 바톡 산이 있다.

수라바야에서 자동차로 2시간 30분 정도 걸리며, 말랑에서도 2시간 30분 정도 걸리는 삼각형 위치이다. 브로모 가는 길은 네 가지 정도 있다. 그중에서 나는 말랑 빠끼스로 해서 가는 길을 권하고 싶다. 이 길은 산속으로 들어가서 산등성이로 차가 올라간다. 산속에 살고 있는 검은색, 노란색 원숭이들을 만날 수도 있고, 경사진 산비탈

브로모

브로모

밭에서도 미끄러지지 않고 일하는 뜽거르족들의 생활을 볼 수도 있다. 초원을 통과하기 때문이다. 초원에 자라는 키 작은 갈대들과 숲을 이루는 고사리들, 군데군데 피어 있는 꽃들이 바람 따라 일렁이면 보는 내 마음도 일렁거린다. 초원이 끝나면 광활한 모래사막을 지나게 된다. 모래사막에서는 오토바이를 타고 먼지를 풀풀 날리며 달리는 열정의 젊은이들을 볼 수 있을 것이다.

그런데 브로모에는 왜 가야 하지?
그건, 직접 가보면 알아!

뼈난자깐에 올라 일출을 보고 모래사막에서 말을 타고 분화구로 올라가서 자연이 살아 있는 체험을 하는 것이다. 해마다 9월쯤이면 뜽거르족들의 큰 행사 까사도를 볼 수도 있다.

인도네시아 그 섬에서 멈추다

브로모와 에델바이스

새벽이 눈뜨기 전
어깨에 사룽(천)을 걸치고
삐난자깐으로 올라가
내려앉은 하늘로 두 팔을 휘저었더니
내 손에 별과 달이 묻어났다

아침 햇살이 발아래 모이면
뜽거르^{Tengger}족 마부가 태워주는 말을 타고
로로 안뜽^{Roro Anteng}공주와 조꼬 수거르^{Joko Suger}왕자의
스물다섯 번째 막내아들과
까소도 전설을 이야기하며 브로모로 갔다

분화구 위에 쪼그리고 있던
코흘리개 녀석이 꽃다발을 불쑥 내밀며
"에델바이스로 소원 성취하세요."
꽃다발이 내 가슴에 닿자마자
켜켜이 쌓아 두었던 그리움들이 배어 나와
에델바이스를 물들였고 나는,
얼룩진 꽃다발을 분화구로 힘껏 내던졌다.

08
말랑
Malang

●●동부 자와 말랑은 해발 600m이며 사방이 산으로 둘러싸인 산간지역의 도시다. 말랑은 말랑 시와 말랑 군이 있으며 말랑 군은 인도네시아에서 가장 큰 군이다. 네덜란드 시대에 지어진 건물로 시청과 성당과 학교가 있다. 환경은 쾌적한 공기와 꽃이 많고 학교가 많은 교육도시이며 데모가 없는 평화로운 도시이다. 바소가 유명하고 이젠 거리가 인도네시아에서 가장 아름다운 거리로 손꼽힌다. 말랑은 물가도 싸고 음식들도 맛있고 사람들도 친절하고 살아봐서 말할 수 있는데 살기 좋은 곳이다.

자카르타에서 말랑 공항까지 비행기로 1시간 20분 걸리며 하루 5번 운행된다. 발리는

말랑 시청앞 분수대

인도네시아 그 섬에서 멈추다

1일 1회 운행된다. 수라바야에서 자동차로 2~3시간 걸린다. 만약 자카르타 KA Gajayana에서 기차를 탈 경우 매일 17:30에 출발하며 약 16시간 정도 걸린다. 기차는 에어컨이 너무 강하기 때문에 두툼한 점퍼를 입어야 한다. 경험 삼아 기차를 탔다가 강한 에어컨에 얼굴이 얼어서 하루 종일 얼굴이 가려워 뒹굴었던 적도 있다. 버스로도 가능하나 굳이 권하고 싶지 않다.

핏자국이 살아 있는 말랑 제3, 4 국립고등학교

말랑 제3국립고등학교, 말랑 제4국립고등학교에는 믿기지 않는 실화가 있다.

사랑하는 자녀가 바닥에 핏자국 흔적들이 선명한 교실에서 수업한다면 어떤 마음일까? 그 학교가 우수한 명문학교라면 어떤 기분일까?

인도네시아 정부가 해방을 맞은 후 일본이 포로수용소로 사용하던 곳을 1952년 학교로 사용하려고 바닥의 타일을 갈았다. 그런데 시간이 지날수록 붉은 핏자국 흔적들이 타일바닥에 나타나기 시작했다. 정말 미스터리한 일이다. 그 건물은 1952년부터 지금까지 말랑 제3국립고등학교로 사용되고 있다. 무시무시한 역사를 가진 학교에 입학하려면 적어도 국어, 영어, 수학이 평균 95점은 되어야 한다.

사람들은 그곳에서 죽은 영혼들이 너무 억울하여 한이 서린 것이라 한다. 비 오는 날이나 밤에는 군화행진 소리가 들리고 야간수업을 할 때 복도로 뭔가 휙휙 지나가는 걸 본 학생들이 많다고

핏자국이 선명한 교실 복도

한다. 타일 바닥을 칼로 긁어 보았지만 표면에 묻은 게 아니라 타일에 배어 있는 것 같았다. 복도나 교실에는 피투성이 된 사람이 쓰러지듯 걸어간 자국들이 있다. 학교 강당에는 외부로 통하는 지하통로가 있다. 교실바닥에 붉은 핏자국들이 많다. 그런데 희한한 일은 졸업생들이 모교의 그 타일을 갈지 않길 원하고 있다는 것이다. 어쩌면 그 타일 때문에 학생들이 우수한 성적으로 졸업하는 것인지 모른다며…….

말랑 끄빤젠 스메루의 호랑이 친구

말랑 *끄빤젠 스메루*jl.Semeru 18 A kepanjen에 가면 호랑이와 함께 생활하는 청년을 만날 수 있다. 호랑이가 3개월 때부터 함께 살았다는 청년, 호랑이는 3살 때까지 하루 종일 청년을 찾았다. 청년이 잠시라도 보이지 않으면 호랑이는 소리 내어 울고 울타리를 뛰어넘어 밖으로 나왔다고 한다. 그때부터 청년은 호랑이와 함께 뒹굴고 같이 밥 먹고 심지어는 호랑이 혓바닥과 자신의 혓바닥으로 교감을 나누기도 하였다.

청년과 그의 친구 호랑이

강아지만 하던 호랑이가 이젠 진짜 호랑이만 해졌다. 청년과 장난을 칠 때 앞발로 툭 치면 청년의 몸이 흔들거릴 정도였다. 함께 뒹굴 때 이빨로 깨무는데 혹여 목이 물릴까 봐 늘 천을 목에 두르고 장난을 쳤다. 청년의 말에 의하면 호랑이는 좋다고 장난치는데 그게 장난 치고는 아프게 다가올 때가 많단다. 호랑이와 정말 친구라서 해칠 염려는 안 되지만 그래도 호랑이

인도네시아 그 섬에서 멈추다

는 아무리 온순하다 해도 호랑이라고 했다. 그러나 죽고 사는 건 신이 하는 일이기 때문에 두렵지는 않다고 했다. 호랑이와 사람이 함께 나뒹구는 건 세상에서 이 청년 한 사람뿐이라고 한다. 말랑에 가면 그곳에 가보길 바란다.

축구를 사랑하는 인도네시아

인도네시아 사람들은 축구를 유난히 사랑한다. 말랑 시민들에게 가장 큰 축제는 아레마축구단 창립기념일이다. 그때는 모든 거리가 아레마Arema를 위해 바닷물이 갈라지듯 길을 열어 두어야 한다. 목도리와 티셔츠를 착용한 청색 오토바이군단이 물결을 이루며 도로에서 파도를 친다. 게다가 말랑 사람들은 축구를 꼭 공으로만 하는 것이 아니라 야자로도 한다.

말랑 블림빙과 수꾼에 가면 불붙은 야자공으로 그것도 맨발로 축구한다. 블림빙 마을 동장과 이런저런 이야기를 나누다가 왜 하필 위험한 불공축구인지 궁금해서 물었다. 해마다 8월이면 독립기념일 행사로 마을 주민 전체가 해야 하는데 모두들 형편이 어려우니 돈 적게 들고 다 함께 웃으며 즐길 수 있는 게 뭐가 있을까 생각하다 골목길의 야자나무가 보이기에 순간 '옳지, 마을 골목길에서 야자공으로 축구를 하되 불을 붙여 밤중에 하자!' 하는 기발한 아이디어가 떠올랐다고 했다. 잘 익어서 마른 야자를 3일간 석유에 푹 담가 두었다가 불을 붙여 밤에 축구를 했더니 사람들이 너무 재미있어 하여 해마다 하게 되었단다.

내가 동장과 이야기하고 있는데 "이겨라. 이겨라. 숫 골인. 와~ 와~" 불공이 나에게로 굴러왔다. 나는 바지에 불이 붙을까 봐 "엄마야!" 소리 지르며 도망을 갔다. 사람들은 내가 불공이 무서워 도망가는 모습을 보고 한바탕 웃고, 럭비공처럼 마음대로 굴러가는 불공을 보고 또 한바탕 웃고, 축구가 끝날 때까지 사람들의 웃음이 끊이지 않는다. 남녀노소 함께 웃으며 즐겁게 하는 걸

보면 불똥(공)이 내게로 튈까 봐 아찔아찔하면서도 참 재미있다.

아저씨들의 게임이 끝나면 아주머니들의 게임이 시작된다. 발톱에 발라 둔 매니큐어쯤은 생각지도 않고 오직 승리의 희열을 맛보려는 승부욕에 불타 있다. 더 재미있는 건 발로 차면 찰수록 야자껍질이 벗겨져 불꽃이 작아지고 그러면 석유를 더 부어 활활 타게 만들어 축구를 한다는 것이다. 작은 아이디어로 많은 사람들이 행복한 웃음 속에 하루가 즐겁다면 그건 불보다 더 뜨거운 삶이라 생각한다. 기회가 되면 8월에 블림빙이나 수꾼에 가서 불공축구 관람을 권하고 싶다.

타임머신을 타고 돌아간 듯한 이젠 거리 | Ijen

말랑에 가면 꼭 이젠 거리를 거닐어 봐야 진짜 말랑에 갔다고 할 수 있다.

이젠 거리는 초록과 여러 가지 색깔의 꽃들이 중앙에 놓여 있으며 빨럼나무들이 걸을 수 있는 길을 만들어 두었다. 탱크가 놓여 있는 곳은 군사박물관이며 독립전쟁 때 사용했던 무기들도 보관되어 있다. 거리 주변의 집들은 네덜란드 식민지시대의 호화주택들이고 성당도 있다. 이젠 거리 옆 그라하짜끄라 호텔은 네덜란드시대 때 건물이라서 네덜란드인들이 가장 많이 찾아 경찰들이 보안근무를 해 주는 호텔이기도 한다.

이젠 거리에서는 해마다 5월이면 말랑끔발리^{Malang Kembali}라 하여 독립되던 그때 그 시절을 재현하는 드라마와 후손들에게 역사를 알려주는 3일간의 행사가 열린다. 독립 때 타던 자전거를 가져와 타고 다니는 사람들, 색다른 모습으로 거리에서 공연하는 사람들, 추억의 군것질과 음식을 판매하는 상인들…… 한번쯤 타임머신을 타보는 것 같아 좋다. 말랑끔발리를 구경해 보는 것도 좋다. 그때는 모든 차들이 통제되며 사람들과 마차만 다닌다.

이젠 거리

이젠 거리의 공연 모습

바소

인도네시아 전 국민에게 사랑받는 바소 | Bakso

인도네시아 전국 어딜 가도 바소가 있을 만큼 바소는 전 국민에게 사랑받는 음식이다. 바소가 제일 맛있는 곳은 말랑이다. 말랑의 바소는 종류가 여러 가지다. 주먹만 한 완자도 있고 호두만 한 완자를 꼬치구이 해서 주는 집도 있다. 그 집의 바소 맛은 일품이다. 가격도 아주 저렴하고 늘 사람들이 붐빈다. 가족끼리 또는 단체로 와서 바소를 먹는 사람들도 많다. 말랑의 바소집 중에서도 'bakso bakar pahlawan trip malang'이 유명하다.

슬픈 사연이 있는 쪼반론도 | Cobanrondo

쪼반론도는 갓 결혼한 신혼부부의 슬픈 사연이 담겨 있는 곳이다. 까위 산에 살던 신부 데위와, 안자스모로 산에 살던 신랑 라덴이 결혼하였다. 신혼부부인 그들은 부모의 반대에도 불구하고 여행길을 떠났다. 운명의 장난일까. 여행 도중 조꼬란 사나이를 만났고 조꼬는 신부 데위의 아름다움에 빠졌다. 조꼬는 신부를 빼앗고 싶었다. 신랑은 신부에게 쪼반으로 가 숨어 있으라 하였고 신부는 쪼반으로 와 바위에 앉아 신랑이 오길 기다렸다. 신랑은 조꼬와 격렬히 싸우다가 함께 낭떠러지로 굴러 떨어졌다. 신부는 미망인이 되었고 그 후로 폭포를 쪼반론도라 부르게 되었다. 자와어로 쪼반caban은 폭포이며 론도rondo는 미망인을 뜻한다.

지금도 쪼반론도에 가면 신부가 앉았다던 바위가 그대로 있다. 말랑 지역 사람들에게 이 폭포는 이별의 폭포로 알려져 있다. 사랑하는 사람과 함께 가면 이별을 한다고 하여 연인들이 함께 가는 걸 원하지 않기도 한다. 폭포의 높이는 84m이며 우기철에는 1초당 물이 150리터씩 떨어진다. 평균기온은 22도이며 서늘하고 아침나절이나 오후에 가면 원숭이들이 폭포 주위에 내려와 있다. 그곳에서 먹는 옥수수 구이는 색다른 맛이다.

쪼반론도 폭포

쪼반론도 주변의 원숭이

식당을 찾은 사람들이
잉어와 놀고 있는 모습

잉어와 놀 수 있는 와룽밤부의 식당

바뚜에 가면 와룽밤부가 있다. 바뚜 시내를 지나서 화훼단지로 가다 중간 지점에 식당이 있다. 식당을 호수 위에 지어 놓은 듯 이 식당에는 관상용(?) 잉어 천여 마리가 있어 식사하러 오는 손님들도 있지만 아르주노 산에서 흘러나오는 시원한 물에 발을 담그고 싶어 오는 손님들도 많다. 이 식당의 메인메뉴는 생선요리다. 생선으로 튀김, 구이와 찜을 하지만 관상용 잉어로 요리하는 것은 아니다. 손님들은 탁자에 앉아서 발은 호수에 담가 두고 잉어와 놀면서 식사하는 걸 즐거워한다. 아이들도 그렇고 어른들도 그렇다. 자카르타 문화탐방 때 와룽밤부에서 식사를 하였는데 분위기도 맛도 괜찮다며 모두들 좋아했다. 말랑에서 살면서 자주 갔다. 갈 때마다 정신적으로나 육체적으로 시원해져 오는 것 같았다.

인도네시아 그 섬에서 멈추다

자연과 어우러져 온천을 즐기는 짱아르 노천탕

산에서 뜨거운 물이 줄줄 흘러내린다. 그곳에서는 자연과 함께 온천욕을 즐길 수 있다. 주위의 빼곡한 숲들과 함께 대화를 하여도 좋다. 온천욕탕 2~3개가 있으며 그 옆에는 수영장도 2개 정도 있다. 아이들과 어른들이 함께 수영하며 새소리를 듣는 것도 자연과 함께하는 일이다. 뜨거운 물로 온천을 즐겼지만 산꼭대기에 있는 곳이라 물에서 나오면 춥다. 추위를 잊게 해 줄 따뻬도 판매한다. 흑미로 빚은 따뻬를 먹으면 몸을 따뜻하게 보호해 준다. 열대지방이지만 이렇게 뜨거운 걸 즐기기도 한다. 짱아르 온천물은 피부 가려움증과 아토피에 아주 좋다고 한다.

짱아르 노천탕

흑미로 만든 따뻬

09
뽀노로고
Ponorogo

　뽀노로고 하면 레옥^{Reog}이고 레옥 하면 뽀노로고다.

2012년 11월 동부 자와 뽀노로고에서 레옥 페스티벌이 열렸다. 전국 각지에서 60개 팀이 참가했다. 관중은 약 1만여 명 아니 뽀노로고 군민이 다 모인 것처럼 많았다. 그때 JTBC <쇼킹 지구 끝까지> 제작진과 함께 촬영을 했다.

　무대 옆에 얼쩡거리고 있는 나에게 사회자가 한국말로 인사를 할 수 있냐고 물었다. 너무 당연한 질문에 당신이 듣고 싶은 무슨 말이든 할 수 있다고 했다. 그랬더니 그러면 한국말로 무대 위에서 한번 인사하라고 했다. 순간 거절할 입장도 못 되고 해서 나는 얼떨결에 마이크를 잡고 무대 위로 올라가서 인도네시아 사람들 앞에서 알아듣지도 못하는 한국말로 인사를 했다. 인사를 해도 아무런 반응이 없었다. 얼마나 멋쩍던지 얼른 인도네시아 말로 다시 인사와 내 소개를 하자 박수가 우레같이 쏟아져 나왔다. 내 평생 박수를 그렇게 많이 받아보긴 처음이었다.

　레옥은 호랑이 한 마리와 공작새 열 마리의 깃털 1,500개로 만들어진 큰

탈 다닥머락^{Dadak merak}을 쓰고 전설을 공연해 주는 전통예술이다. 탈은 세로
250cm, 가로 230cm 크기에, 무게는 약 60kg이다. 탈을 쓸 때는 고개를 숙여 탈
안의 구멍으로 머리를 넣고 구멍에 가로 놓인 막대기를 이로 깨물고 양손으
로 탈을 받쳐 들어야 한다. 탈이 커서 몸이 이리저리 쏠려 균형 잡는 데 상당
히 힘이 들었다. 균형을 잘못 잡으면 목이 부러질 수도 있다고 했다. 게다가
그 탈을 쓰고 앉았다 일어섰다 빙빙 돌면서 재주 넘는 사람들을 보면 단순히
힘이 센 게 아니라 요령이 필요하겠단 생각이 들었다. 그런데 그들은 요령이
아니라 춤을 추면서 레옥에 잠재되어 있는 영혼이 탈을 쓴 이의 영혼을 지배
하여 무아지경에 빠뜨리기 때문에 힘들지는 않다고 이야기했다.

레옥의 내용은 이런 이야기다. 쁘라부스완도노가 데위송골랑잇 공주에게
청혼을 하자 공주는 청혼의 조건으로 이 세상에 한 번도 선보이지 않은 예술
을 나에게 선보여 주면 청혼을 받아들이겠다고 했다. 쁘라부스완도노는 빠띠

를 시켜서 말을 탄 군인 144명과 함께 예술을 보여 주러 가다가 싱오바롱^{Reyog}을 만나게 되었다. 싱오바롱^{Reyog}은 공주와의 청혼을 방해하려고 싸움을 걸었다. 하지만 싸움에서 쁘라부스완도노가 승리하고 무사히 공주에게 청혼하여 결혼까지 하게 되었다. 그러나 레옥 공연을 지켜보면 공주는 등장하지 않고 싸움이 시작되어 승리하는 장면까지만 나온다. 레옥은 뽀노로고의 전통문화이지만 오래전에는 이슬람교를 전파하기 위한 예술의 도구였다고 한다.

수라바야에서 자동차로 5시간 걸린다. 대중교통을 이용하여도 된다. 중부지방 족자에서 가면 3시간 정도 걸린다.

레옥 페스티벌

레옥 페스티벌

인도네시아 그 섬에서 멈추다

10
바뉴왕이
Banyuwangi

바뉴왕이는 자와 섬 동부에 자리 잡고 있다. 힌두가 이슬람에 의해 발리로 떠나가면서 일부는 브로모와 바뉴왕이에 머무르게 되었다. 그리하여 바뉴왕이는 자와 이슬람인들과 자와 힌두 사람들이 살며 그들을 오싱족Osing이라고 부른다. 오싱은 오싱어로 '아니다'라는 뜻인데 발리 사람이냐 물어도 '오싱', 자와 사람이냐 물어도 '오싱'이라 대답하여 오싱족이라 한다. 바뉴왕이는 주술이 강한 사람들이 많이 살고 있으며 흑마술·백마술로 유명하다. 바뉴왕이 끄따빵Ketapang 항구에서 여객선을 타고 40분쯤 지나면 발리 길리마눅 항구에 도착한다. 끄따빵 항구에서 여객선을

돈을 던져주길 기다리는 아이들

까아이젠

타고 내려다보면 아이들이 물속에서 손을 내민다. 승객들이 돈을 버리듯이 바다로 던진다. 기다리고 있던 아이들은 재빨리 돈을 받는데 대부분 받지 못하고 동전이 물속으로 가라앉으려고 한다. 그러면 아이들은 곤두박질하듯 잠수하여 물속 깊이 가라앉은 동전을 잡아 올린다. 동전을 보관할 주머니가 마땅치 않아 아이들은 돈을 입 안에다 모은다. 그 장면들이 재미있어 승객들은 일부러 돈을 던져주기도 한다. 여객선이 출발하면 아이들은 다시 항구로 올라와 다음 여객선을 기다린다.

세계적인 유황광산 까와이젠 | Kawaijen

세계적인 유황광산이자 관광지인 까와이젠은 바뉴왕이의 자랑거리다. 까와이젠의 분화구까지 해발 3.282m 분화구의 넓이는 5,466헥타르이다. 분화구 안의 고인 물은 섭씨 200도가량 되며 늘 비취색을 띤다. 그러나 광산이 폭발할 기미를 보일 때는 초콜릿색으로 변한다. 산꼭대기에서 사방을 둘러보면

인도네시아 그 섬에서 멈추다

형언할 수 없는 파노라마가 펼쳐지다가 눈길이 멈춘다. 그곳은 노란 유황가스가 활활 피어오르고 그 가스를 마셔가면서 90kg이나 되는 유황을 2km나 져 나르며 살아가는 광부들, 척박한 환경에서 열정적

유황을 멘 광부의 어깨

으로 삶을 살아가는 광부들이 있기 때문이다. 까와이젠이 세계적으로 유명한 이유도 거기에 있다.

까와이젠 분화구 위 산비탈에 있는 뿌리나무들은 보름달이 뜨는 밤이면 눈처럼 하얗게 빛난다. 뿐만 아니라 유황이 흘러나오는 것도 달빛에 보면 색감이 아주 영롱하다고 하여 사진작가들이 밤에 많이 찾기도 한다. 나는 까와이젠에 세 번이나 갔으면서 밤에 가 볼 기회가 없었다. 그래서 한 번 더 기회를 만들고 있는 중이다.

어울랑더울랑 춤추는 스블랑 | Sebelang

사람과 영혼이 만나 함께 어울랑더울랑 춤을 추는 것이다. 스블랑은 오싱족들의 전통문화인데 바꿍안과 올레사리 두 마을에서만 볼 수 있다. 바꿍안 마을에서는 이둘라드하Iduladha, 희생제를 지나고 일주일 후 늙은 여자가 춤을 추고, 올레사리 마을에서는 이둘핏리Idulfitri, 러바란 이슬람 명절가 끝난 일주일 후 소녀가 춤을 춘다. 두 마을 중 나는 소녀가 춤추는 올레사리 마을로 갔다.

춤꾼이 된 소녀는 화환을 머리에 쓰고 두 눈을 감고 무대 위에서 빙글빙글 돌아가며 춤을 추었다. 소녀는 마을 사람들에 의해 선정되는데 아직 월경을

시작하지 않은 순결한 소녀만이 춤꾼의 자격이 된다. 이는 신성함을 뜻한다. 춤꾼이 될 수 있는 기회는 일생에 한 번뿐이다. 춤꾼에게 꽃으로 된 면류관을 씌우고 영혼을 부르기 위해 연기 나는 향로를 머리 위로 한 바퀴 돌린다. 춤꾼은 뭔가 홀린 듯 두 팔을 높이 올려 하늘을 날아갈 듯 부드러우면서도 날렵하게 춤을 춘다. 춤에 빠져 혼미해지면 춤꾼에게 목도리를 걸어 준다. 춤꾼은 그 목도리를 구경꾼들에게 던지는데 그건 춤꾼이 던지는 게 아니라 영혼이 던지는 것이다. 던진 목도리에 맞으면 그 사람은 무조건 무대 위로 올라와 춤꾼과 함께 춤을 추어야 한다.

만약에 목도리에 맞은 사람이 춤을 추지 않으면 그날 의식에 부정을 타게 되며 그 사람은 반드시 병에 걸리거나 불의의 사고를 당한다고 한다. 그 말을 듣자마자 나는 춤꾼의 목도리에 맞지 않으려고 이리저리 피해 다녔다. 여러 사람이 목도리에 맞아 무대 위에서 춤을 추었다. 그런 후 소녀가 꽃바구니에 기도를 해 준다. 그 꽃은 신비의 힘이 있어 한 송이를 가지면 소원을 이룬다고 말했다.

흰칠하고 잘생긴 청년이 그 꽃을 하나 사 들고 좋아 죽겠다는 표정을 짓고 있었다. 나는 뭐가 그리 좋은지 궁금해 그 청년에게 다가갔다.

"무슨 소원을 빌려고 이 꽃을 샀어요?"

"예쁜 애인을 얻고 싶어요. 실은 얼마 전에 애인과 헤어졌거든요."

나는 그 청년을 바라보면서 저렇게 괜찮은 청년을 마다한 아가씨는 도대체 어떤 여자였을까 하는 생각이 들었다.

꽃을 파는 소녀 스블랑

인도네시아 그 섬에서 멈추다

어떤 아저씨는 그 꽃을 논에 꽂아두면 농사가 풍년이 든다며 기뻐했고, 지팡이 짚은 할머니는 밤마다 허리가 아파 잠을 설치는데 허리가 빨리 낫기를 기원하며 꽃을 침대 밑에 넣어 둘 거라면서 한 손에는 꽃을 한 손에는 지팡이를 들고 걸어갔다.

올레사리 마을 사람들은 현세와 내세의 만남을 보여주고 신이 주신 은혜에 감사하며 악귀를 물리치는 믿음으로 스블랑 춤을 추며 '네 믿음대로 될지어다'라고 했듯이 각자의 소원이 꼭 이루어지길 바라는 마음으로 나는 그 마을을 떠나왔다.

수라바야에서 대중교통인 버스나 기차를 이용하면 5시간 정도 걸린다. 바뉴왕이에서 여행한 다음 버스를 타고 발리로 넘어가면 된다.

바뉴왕이 항구에서 배 타고 발리로

강물을 헤엄쳐 건너는 물소들

Part 3

칼리만탄

Kalimantan

칼리만탄 섬은 세계에서 세 번째로 큰 섬으로 지구의 허파로 불린다.
칼리만탄 섬의 인구수는 인도네시아 전체 인구의 5.6% 남짓이지만
인도네시아 국내 총생산의 10%를 기여할 만큼 천연자원이 풍부한
섬이다. 칼리만탄 섬 주민들은 반자르족, 다약족, 그 외 기타 종족으로
크게 나뉘는데 그중 다약족 내에서만 다시 268개의 부족으로 나뉜다.
신비로운 열대우림의 세계와 맹그로브 숲과 동식물들이 서식하는
늪지대가 있다. 고대 네덜란드와 영국이 식민 시절 당시 이 섬에 있는
브루넷이 왕국의 이름을 따서 섬 전체를 보르네오(Borneo) 섬이라고
불렀다.

칼리만탄 섬에는 밀림 속에 살아왔던 주민들의 오지문화와 강과
바다에서 무역을 하며 살아왔던 주민들의 수로문화가 발달되어
있다. 매년 칼리만탄 섬 내 4개의 주는 페스티벌 보르네오(Festival
Borneo)를 번갈아가며 개최하여 각각 문화를 선보이는 전통이 있다.

말레이시아와의 국경지역이기도 한 칼리만탄 섬은 1962년 과
1966년 일어났던 인니-말레이 충돌 사건의 요지가 되기도 했다.
통상적으로는 '보르네오(Borneo)'라고 칭해지고 있는데 이는
브루네이(Brunei), 말레이시아(Malaysia), 인도네시아(Indonesia)를
포함한 섬 전체를 뜻하며, 세부적으로 인도네시아만 속해 있는 지역을
'칼리만탄(Kalimantan)'이라고 한다.

진한 홍차빛깔의 수상마을 따뿌스 | Tapus

마을마다 골목길은 반드시 있다. 그렇다면 수상마을에도 골목길이 있을까? 널빤지로 만들어 놓은 강물 위의 골목길을 타박타박 걸어가면 시골 기찻길을 걷는 것보다 운치가 있다. 조심스러우면서도 재미있다.

칼리만탄 홀루숭아이 북쪽 숭아이 따뿌스 달람은 수상마을이다. 숭아이 따뿌스 마을은 집 · 화장실 · 구멍가게 · 미용실 · 이슬람사원 · 학교 · 시장·목재공장 등등이 전부 강물 위에 있다. 그 마을의 출렁다리도 마룻바닥처럼 되어 있어 마을이 온통 마룻바닥이다. 강물은 맑은 게 아니라 진한 홍차빛깔 물이 흐른다. 마을 사람들은 강물에서 자라는 풀로 물소를 키우며 물풀을 뜯어 돗자리나 가방을 만든다.

칼리만탄에서는 그 지역을 관광지로 유치하기 위해 상당한 노력을 기울이고 있다. 반자르마신에서 자동차로 5시간 정도 가면 된다. 그곳에서 스피드보트를 타고 강물로 다니면서 여러 가지를 보는 것도 아주 좋은 여행이라 생각한다. 물소들이 떼 지어 풀을 뜯으러 강물을 헤엄쳐 가는 모습, 저녁 때 목선을 탄 목동과 떼를 지어 마구간으로 돌아오는 풍경, 소들이 풍덩 입수하는 광경은 인도네시아 그 어디에도 없다. 오직 이곳에서만 볼 수 있다.

정겨운 수상시장 록바인딴 | Lokbaintan

인도네시아 전국의 여러 시장을 다녀봤지만 장터의 분위기가 부산하고 좋았던 시장은 플로레스 섬의 라마레라 물물교환시장이었다, 하지만 칼리만탄의 록바인딴 수상시장만큼 정겹지는 않았다. 어머니들이 1인 몇 역할을 하며 살아가는지는 록바인딴 시장에 가보면 알 수 있다.

시장은 새벽 5시부터 9시까지 열린다. 자신들이 키우고 가꾼 물건들을 가져와 배 위에서 서로 사고파는데 상당히 활기찬 시장분위기다. 물건 흥정하랴 물결 따라 흘러가는 배 노 저으랴 모든 어머니들은 참 바쁘게 살아가고 훌륭하다는 걸 볼 수 있다. 반자르마신 시내에서 배를 타고 30분 정도 가면 록바인딴 시장이다. 이른 새벽에 도착하여 아침햇살이 떠올라 시장을 비추고 어머니들의 얼굴을 비출 때 어머니들의 수고가 햇살처럼 더욱 빛났다.

수상시장 록바인딴

버라우에서 수라바야까지

비행기로 45분, 자동차로 23시간 걸린다.

자카르타에서 비행기를 타고 칼리만탄 섬 발릭빠빤에 내렸다. 그곳에서 비행기를 타고 버라우 딴중러딥 공항까지 45분 걸렸다. 원래 스케줄은 버라우에서 4일 후 돌아가는 것인데 행운인지 불행인지 일(?)이 빨리 끝났고 수라바야Surabaya로 이동해야만 하는 상황이었다. 그때가 오후 4시였다. 떠나는 비행기는 딱 한 대뿐인데 좌석이 없고 모레도 없다고 한다. 그러면 이틀을 이곳에서 그냥 보내야 한다는 것인데 하루도 아니고 이틀을 그냥 머물러 있어야 한다는 건 도저히 있을 수 없는 일이다.

그렇다면 자동차를 이용하는 수밖에 없다. 렌터카를 알아보니 비행기 티켓 값보다 두 배나 더 비싸며 내일 아침이 되어야 출발할 수 있다고 한다. 왜 그렇게 비싼지 물으니 꼬박 하루가 걸린다고 한다. 정말 그럴까. 하는 수 없이 우리는 Travel 6인용 승합차를 타기로 했다. 승객은 남자대학생 3명과 박근영 PD와 나였다. 버라우에서 Travel을 타고 출발할 때 이미 어둑어둑한 저녁 7시였다.

밤길을 숲 속으로 달리고 달렸다. 가다가 타이어에 펑크가 나서 산속에서 갈아 끼웠다. 어둠속에서 뭔가 출렁거리는 물소리가 들렸다. 처음 출발할 때 강을 건너면 3시간 정도 단축할 수 있다기에 그러라고 했는데 한밤중에 강을 건넌다고 생각하니 왠지 으스스한 느낌이다. 차에서 내려 뗏목으로 올라갔다. 강을 건너는

수라바야로 가는 여정중 뗏목을 준비하는 사람들

뗏목에는 커다란 엔진이 달려 있었다. 뗏목의 널빤지는 너무 낡아 강물이 출렁거릴 때마다 여기저기 물이 튀어 올랐고 금방이라도 우지직 부러져 강물에 가라앉을 것만 같았다. 그러나 강을 무사히 건넜고 다시 차에 올라탔다. 오늘 새벽 집에서 출발하여 자정인 지금까지 이동하니 피곤할 수밖에 없다. 중간에 차가 덜컹거리는 바람에 깨어 시계를 보니 새벽 2시다. 차가 아무리 흔들려도 창문을 열어 놓으니 시원해 잠이 쏟아졌다.

갑자기 갑갑한 느낌에 눈을 떠보니 차는 한적한 곳에 세워져 있었다. 승객들은 모두 쿨쿨 자고 있었다. 창밖에는 비가 부슬부슬 내리고 휴대폰 시계를 보니 새벽 3시였다. 운전석에 있어야 할 기사가 보이지 않는다. 잠시 볼일(?) 보러 갔을까? 차 안을 살펴보니 창문도 모두 닫혀 있고 운전석만 손가락 한 마디 정도 열려 있었다. 작은 승합차에 다섯 사람이 잠자고 있으니 차 안은 텁텁한 공기로 가득하였다. 이러다가 질식해 죽을지도 모른다는 생각에 맨 뒷좌석에 앉은 나는 잠들어 있는 사람들을 깨웠다. 에어컨을 켜 달라고. 그런데 운전기사가 자동차 열쇠를 가져가 버렸다. 참으로 기가 막혔다. 비 때문에 창문은 조금밖에 열지 못하고 깊은 산속 깜깜한 밤, 차 안에서 할 수 있는 거라곤 잠자는 것밖에 없었다.

한두 시간이 지났을까?

저쪽에서 저벅저벅 소리가 나더니 운전기사가 왔다. 모두들 가만히 있기에 내가 창문을 꼭 닫아 놓고 말도 없이 사라지면 어떡하냐고, 잠든 우리를 죽일 셈이냐고 화내며 말했더니 기사는 미안하다며 정중히 사과했다. 그리고 또 몇 시간을 그냥 어둠 속을 자동차로 달렸다. 이렇게 깊은 산속 어두운 길을 찾아가는 기사가 대단하다는 생각이 들기 시작했다.

아침이 되었다. 밤새 내린 비로 열대우림 속의 황톳길은 눈길처럼 미끄러웠다. 갯벌에서 스키 타는 것처럼 자동차는 이리저리 미끄러지며 횡단했다.

태양이 머리 위에 떠 있을 무렵 마을이 나오고 도로변 허름한 식당 앞에서 운전기사는 배가 고파 도저히 못 가겠다며 차를 세웠고 우리는 식당으로 들어갔다. 기사와 대학생들은 흰밥과 튀긴 메기 한 마리를 손으로 뜯어 먹으며 허기진 배를 채웠다. 우리는 먹을 만한 게 없어 생수만 마시다가 나왔다.

자동차는 또 달렸다. 이제 산속 길은 끝났는지 도로변에는 집들이 계속 이어졌다. 나는 운전기사에게 신기한 곳이나 특이한 것이 있으면 알려달라고 부탁했다. 한참 가다가 운전기사가 소리쳤다.

"여기가 적도Garis Khatulistiwa입니다."

늘 지도에서만 보던 적도를 자동차로 지나간다는 게 보통 기분 좋은 일이 아니었다. 쌓인 피로가 순식간에 휙 날아가 버렸다. 드디어 시내가 보이고 사마린다Samarinda시를 지나면서 햇살이 기울기 시작하였다. 기사에게 물어보니 아직 두세 시간 더 가야 발릭빠빠Balikpapan이라고 한다. 좀 빨리 가자고 했더니 노력은 해 보겠는데 자기도 체력이 바닥나서 잘 모르겠다고 말한다. 간밤에는 얄밉던 운전기사가 이젠 대단히 훌륭한 사람으로 보이기 시작한다.

발릭빠빤 공항에 도착했다. 우와~ 오후 5시다. 그렇다면 이동하는 데 23시간이 걸린 셈이다. 고생 끝에 무사히 도착하여 행복하다. 그것도 목적지인 수라바야로 가는 마지막 비행기를 탈 수 있어 감사했고, 비행기 좌석이 이렇게 편한 줄 처음 알았다. 밖이 또 어두워지기 시작한다.

어제부터 겪은 일을 찬찬히 되짚어 보니 인도네시아는 넓긴 넓은 나라다. 어떻게 차를 타고 가도 가도 길이 나왔는지. 어떻게 23시간 걸리는 걸 알면서 자동차로 갈 생각을 했을까. 그들이 처음에 그렇게 걸린다고 말했지만 비행기로 45분이면 수라바야에서 발리 가는 거리인데 배 타고 바다를 건너도 10시간이면 충분하다는 나의 경험과 계산은 빗나갔다. 자와는 자와이고 칼리만탄은 칼리만탄인 것이었다. 계산은 내가 하지만 운전은 기사가, 모든 건 운전하는 사람에게 달렸다는 걸 나는 잊고 있었기 때문에 23시간이 걸렸던 것이다. 역시 인도네시아다!

술라웨시에서 즐기는 스노클링

Part 4

술라웨시
Sulawesi

자그마치 174,600km^2 면적의 술라웨시 섬은 인도네시아에서 네 번째로 큰 섬으로 자카르타보다 1시간 더 빠르다. 술라웨시 섬은 K자 모장 같기도 하나 자세히 보면 마치 사물놀이에서 상모 돌리는 사람의 형상을 띠고 있다. 술라웨시는 포르투갈이 처음 이 섬에 당도하였을 당시 셀레베스라 불렸으나 인도네시아 공식 명칭은 술라웨시이다. 술라웨시의 술라(Sula)는 섬이란 뜻의 뿔라(Pula)에서 따왔으며, 웨시(Wesi)는 대규모 철광석 광산이 매장되어 있어 철이란 뜻의 버시(Besi)에서 유래되었다. 북부의 마나도(Manado), 남부의 마까사르(Makassar) 등 총 10개의 대도시를 지니고 있으며 6개의 행정주로 나뉜다.

술라웨시 주민들은 대부분이 과거 무역 상인으로 활동하였다. 자존심이 매우 센 부기스족 출신이며 그 외에 다채롭고 아름다운 문화를 자랑하는 또라자족 출신도 많이 있다. 다른 인도네시아 지역들과 마찬가지로 이슬람교인들이 가장 많으나 마나도와 뽀소 지역에 거주하는 사람들은 기독교인들이다. 세계에서 가장 아름다운 해양국립공원으로 뽑혀 스노클링, 다이빙 등 다양한 해양스포츠의 메카로 손꼽히기도 하는 부나켄 국립공원 역시 술라웨시에 속해 있다.

01
마나도
Manado

　　　•••자카르타 국제공항에서 마나도 국제공항까지 비
행기로 4시간 20분(시차 1시간)이 걸리며 마나도에는 미나하사족들이 살고 있
다. 미나하사족의 전설 또아^{Toar}와 루미뭇^{Lumimuut}은 어릴 때 나무 막대기를 둘
로 나눠 갖고 헤어졌다. 오랜 세월이 지나고 둘은 또모낭에서 다시 만나게 되
었고, 만났을 때 여자의 지팡이에 싹이 났다고 전해진다. 그들이 오늘날 미나
하사족의 조상이다. 태양신 또아는 미나하사족에게 밝은 빛을 비추며, 땅의
여신 루미뭇은 대대손손 후손들의 땅을 옥토로 만들어 준다는 이야기다. 그
조상의 얼굴 형상은 부낏까시에 가면 볼 수 있다.

미나하사의 또모혼 재래시장

　　마나도에 가면 또모혼 시장에 가보라고 권하고 싶다. 그곳은 미나하사족들
의 특이한 식생활문화를 엿볼 수 있는 시장이다. 다른 시장과 달리 박쥐고기,

개고기, 뱀, 돼지고기, 고양이 등을 살 수 있다. 박쥐는 날개를 떼고 털을 불에 그을려 통째로 눕혀 두었는데 징그러워 식욕이 도망갔다. 늘 동물원의 조그마한 박쥐만 보다 강아지처럼 큰 박쥐가 날아다닌다 생각하니 신기해서 자세히 보고 있었다. 그러자

또모혼 시장의 박쥐고기

상인이 "박쥐고기 먹어보세요, 맛있어요. 또모혼 최고 음식이잖아요" 한다.

그때 우리는 '맛있는 여행' 촬영 중이었다. 상인의 소개로 동굴 속 박쥐잡이와 흰 꼬리 들쥐만 잡는 사람을 섭외하여 한밤중에 박쥐 잡으러 동굴로 갔다. 가는 도중 나는 물었다.

"밤중에 가다가 뱀이 나오면 어떻게 하죠?"

"어떻게 하긴 잡아서 먹어야지."

"네?"

"우리 미나하사족은 살아서 움직이는 것은 다 잡아 먹을 수 있어요."

어두컴컴하고 습한 동굴 안에서 물방울이 내 팔뚝에 떨어질 때 얼마나 놀랐던지. 들쥐잡이 남자는 동굴을 나와 내려오다 깜깜한 곳으로 총을 쏘고 달려가더니 들쥐 한 마리를 들고 왔다. 정말 대단한 실력이었다.

사랑의 언덕 부낏까시 | Bukit Kasih

까노낭에 있는 부낏까시는 '사랑의 언덕'이다. 마나도 시내에서 자동차로 1시간 30분 정도 걸린다. 대중교통 버스를 이용하려면 마나도 까롬바산

부낏까시

Karombasa 터미널에서 버스를 타고 또모혼 터미널에 내려 마이크로형 버스를 타고 까왕꼬안까지 가서 다시 오젝(오토바이)을 타고 가야 한다. 너무 번거롭기 때문에 렌터카를 이용하는 게 여러모로 편리하다.

부낏까시에는 천연유황이 흘러나오는 곳이 있고, 높이 22m의 다섯 면이 똑같은 기념탑이 있는데 5개의 종교(기독교·가톨릭·이슬람교·힌두교·불교) 모두가 거룩하고 평화롭다는 것을 의미하는 사랑의 언덕 기념탑Bukit Kasih Monumen이다. 부낏까시 도착 30분 전 언덕에 큰 십자가와 예수님상이 보인다. 인도네시아에 살면서 그렇게 큰 십자가와 예수님상은 처음 보았다. 굽은 길을 굽이굽이 돌아가면 부낏까시에 도착한다. 부낏까시는 높은 언덕으로 올라가는 계단으로 관광객들의 모습을 보면 마치 그곳이 중국의 만리장성 같기도 하다.

옥수수 먹으며 유황온천물에 마사지

관광객들은 저마다 손에 옥수수를 잡고 하모니카를 불고 있었다. 발은 뜨끈뜨끈한 온천수에 담그고 자연을 바라보면서. 아, 그보다 더한 신선놀음이 있을까? 유황

온천에 발을 담그고 옥수수를 먹고 있는 사람들

인도네시아 그 섬에서 멈추다

부나껜 섬에서 바라본 마나도뚜아 섬

연기가 올라오는 온천탕에 옥수수를 포대기에 넣어 유황온천에 30분쯤 담가
두었다 꺼내면 된다. 유황온천물에 삶은 옥수수를 먹으면 위장이 튼튼해진다
하여 옥수수는 불티나게 잘 팔렸다. 온천물에서 금방 건져 올린 옥수수는 부
드럽고 감칠맛이 있어 나는 4개나 먹었다.

02
부나껜
Bunaken

     마나도에서 부나껜은 가까운 거리다. 마나도 항구에서 모터보트를 렌트하여 30분 정도 가면 된다. 부나껜 섬은 세계에서 가장 아름다운 수중공원이다. 해마다 관광객들이 스노클링과 다이빙을 즐기기 위해 모여든다. 부나껜 섬의 바다는 여러 종류의 산호와 약 3,000가지의 희귀한 생물과 물고기의 서식지로 특히 색깔이 알록달록한 열대어가 많다. 물고기들의 원천먹이인 거대한 산호가 옆으로 휘어져 있다. 부나껜의 바닷물이 맑아서 얕은 곳에는 성게들이 즐비하게 놓여 있는데 마치 바다에 붓글씨를 써 놓은 듯하다. 처음에는 스노클링이 두려웠지만 얕은 곳에서 물고기 먹이를 들고 있으며 알록달록한 줄무늬 열대어들이 떼로 몰려와 너무 즐거웠다. 하도 신나서 산호초에 다리가 긁혀 피나는 줄도 모르고 놀았다. 부나껜 섬으로 여행하는 건 365일 좋지만 그래도 가장 좋은 시기는 5월에서 8월까지다.

인도네시아 그 섬에서 멈추다

금 제련하는 광부

금을 캐는 따뗄루의 광부들 | Tatelu

땅속에서 두더지처럼 굴을 파고 금을 채취하는 사람들이 있다. 시내에서 반시간가량 가면 따뗄루인데 그곳에서 금을 캐는 사람들을 만날 수 있다. 그들은 땅에 구멍을 파되 가로 세로 각각 60cm 크기의 지하 150~300m까지 파고 들어간다. 수직으로 파는 게 아니라 ㄹ자 모양으로 굴을 판다. 금이 붙은 돌은 잘게 부순 후 4시간 동안 물과 함께 믹스하여 제련과정을 거쳐 금을 얻는다. 광 속은 공기가 습하기는 하지만 약간 시원하기도 하다. 그러나 마음이 갑갑해지고 뭔가 조여 오는 느낌이 들어 오래는 있을 수 없었다. 인도네시아 사람들이 얼마나 담배를 좋아하는지 어두컴컴한 굴속에서 손전등을 들고 잠시 있는데도 그새를 못 참아 담배를 피웠다. 옆에 있으니 눈이 따가워 담뱃불을 좀 꺼달라고 했다. 체험 현장으로는 한 번쯤 가볼 만한 곳이라 생각한다.

03
따나또라자
Tana Toraja

●●인도네시아 여러 섬들 중에서 가장 멋스럽게 생긴 섬이자 K자 모양의 섬 술라웨시 남부지역의 높은 땅, 따나또라자!

무엇 때문에 세계 각국의 관광객들이 굽어진 도로를 자동차로 9시간씩 달리며 그 높은 땅으로 찾아갈까?

그곳에는 조상들이 물려 준 미풍양속 람부 솔로(장례식)와 람부 뚜까(결혼식 및 경사스러운 일) 전통문화를 잘 계승하고 있는 부족들이 살고 있기 때문이다. 그 부족들은 또라자족들이며 따나또라자는 '높은 땅에 사는 귀족'이란 의미를 안고 있다. 또라자족은 원래 정령신앙Primitive 숭배자들이었지만 약 1913년

또라자족의 목각 장식들

경 복음을 받아들인 기독교와 가톨릭교인들이다. 그들은 복음을 받아들여 하나님을 믿지만 고인이 된 조상의 시신을 집안에 모셔두고 길일을 찾아 일주일에 걸쳐 거대한 장례식을 행한다.

따나또라자의 독특한 장례문화

장례식에서 내가 본 그들만의 독특한 장례문화의 진풍경(?) 몇 가지를 이야기하고 싶다. 장례식은 똥꼬난(특이한 지붕모양으로 만든 전통집인데 행사 때 사용하는 종갓집과 비슷함)과 벼 창고로 사용되는 룸붕빠디 Lumbung Padi 여러 채가 있는 곳에서 행한다. 전국 각지에서 몰려든 친인척들과 조상의 장례식을 일주일 동안 성대하게 치른다. 자식들이 출세한 집안 장례식에는 실제 고인의 크기만 한 목각을 조각해서 옷을 입혀 고인 살아생전의 모습을 형상화해 두고 있다. 고인에게 군복을 입혀 선글라스를 끼워 둔 목각도 있었고, 목걸이에 귀걸이까지 한 백발의 멋쟁이 할머니 목각도 있었다.

죽은 이가 하늘나라로 갈 때 영혼을 모셔다 주며 노잣돈 값어치로 물소들을 적어도 스물네 마리를 잡아야 하는 게 또라자 귀족들의 람부 솔로의 관습법이다. 집안 형편에 따라 말, 사슴도 물소와 함께 잡는다. 고통을 없애기 위해 단칼에 목을 치면 물소는 한마디 고함도 못 지르고 그 자리에 꺼꾸러졌다. 고통 없이 단번에 죽여주는 솜씨 좋은 백정(?)에게는 사람들이 갈채를 보내기도 했다. 인도네시아 전국을 돌아보면 경조사가 있을 때 주로 물소를 많이 잡는데 한꺼번

희생되는 물소들

물소 발을 가지고 노는 아이

에 그 많은 소를 잡는 솜씨는 또라자족들이 최고수였다. 그만큼 소를 많이 잡았기 때문일 거라 생각한다.

크게 보면 또라자족의 장례문화가 다 같아 보이지만 가만히 들여다보면 집안의 가풍에 따라 조금씩 다르다. 어떤 집안은 상여가 떠나가려 할 때 "우와~" 하며 함께 소리를 지르고 춤을 추는가 하면, 어떤 집안은 상여가 떠나가기 전 관 뚜껑을 열어 회색빛이 된 고인의 얼굴을 보여 주며 마지막 인사의 기회를 갖기도 한다. "엄마", "할머니" 하며 눈물, 콧물이 범벅되어 훌쩍거리는 손자손녀들 옆에 서 있으면 나도 모르게 손으로 눈물을 닦게 된다. 그러나 관 뚜껑을 닫자마자 사람들은 저마다 무리를 지어 관 앞에서 기념촬영을 한다. 사진을 찍으면서 아이들은 손가락으로 V 자를 그리고, 사진 찍는 사람은 "스마일" 하고 외친다. 모두의 얼굴엔 웃음이 가득했다. 관광객인 나는 감정이입으로 돌아가신 엄마 생각까지 나 아직도 눈물을 닦고 있는데 그들은 이미 밝은 모습으로 변해 있는 것을 볼 때 열대지방에 내리는 소낙비 스콜을 보는 듯했다.

이제 상여가 무덤으로 갈 시간이다. 상여꾼들은 상여를 들고 마당을 떠나면서 한 바퀴 빙 돌고 "우이샤 우이샤" 소리치며 상여를 이리저리 흔들었다. 상여가 집에서 멀어지면 멀어질수록 상여꾼들의 목소리와 웃음소리는 커갔다. 상여를 심하게 흔들다가 힘겨우면 땅바닥에 내려놓고 상여꾼들끼리 서로 장난을 치다가 얼굴에 흙칠도 해 주다가 다시 상여를 메고 무덤으로 간다. 그들이 그렇게 하는 이유는 유족들의 슬픔도 덜어주고 저 세상에 가면 만날 것이고 영원한 이별이 아니라 기쁘기도 하고 상여꾼들에게 힘을 더해 주는 것이다. 무덤은 가족묘로 사용하며 고인의 형상 목각은 무덤 앞에 세워둔다.

또라자 장례식에 참석하게 될 때는 관광객이라도 뭔가(쌀, 설탕, 담배)를 들고 가서 상주들에게 주는 성의를 보여야 한다. 그 답례로 상가에서는 음식을 제공해 준다. 음식 중에서 빠삐옹을 꼭 맛보라고 권하고 싶다. 음식을 대접받아 맛있게 먹은 후 "꾸레스망아(고맙습니다)"라고 또라자 말로 인사를 해보는 것도 좋다.

전통마을 께띠께수 | Keti-kesu

란떼빠오 시내에서 약 4km 거리에 위치한 께띠께수는 전통마을이다. 대나무로 만들어진 지붕에 파란 이끼들이 자라고 있으며 약 300년 전에 지은 전통가옥이라 세월의 흔적이 고스란히 남아 있다. 곡식을 저장하는 룸붕빠디가 12채이다. 또라자에 오면 반드시 께띠께수에 방문해야 제대로 된 발걸음일 것이다.

께띠께수의 전통가옥 똥꼬난

돌무덤 레모

절벽 바위 무덤 레모 | Lemo

큰 바위에 구멍은 무덤들

가파른 절벽 바위에 구멍을 파고 그 안에 묘를 만들어 둔 돌무덤이다. 무덤 안에는 시체들이 들어 있는 가족묘이다. 낭까나무로 따우따우Tau-tau 목각 인형을 만들어 무덤 옆에 두었다. 따우따우들이 신에게 축복을 빌고 한 손은 축복을 받는 모습이다. 또 마을을 쳐다보게 해 두는 이유는 자손들을 보살피고 지켜준다는 의미다. 따우따우는 죽은 이의 숫자를 알려주는 것과 같으며 석실에는 여러 개의 관이 들어 있다. 높은 절벽에 무덤을 만드는 이유는 조상을 존경하는 의미도 있지만 고인의 귀중품을 잃어버리지 않기 위함이다.

왕족 · 귀족들의 동굴무덤

론다에 있는 이 동굴무덤은 또라자 왕족이나 높은 지위에 있는 귀족들의 무덤이다. 동굴에 들어가면 벽 사이마다 해골이 놓여 있다. 담배꽁초나 음료수병 또는 돈들이 여기저기에 놓여 있다.

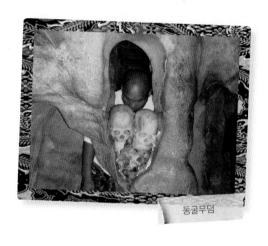

동굴무덤

방문객들이 고인들에게 대접한 것이다. 또라자 사람들은 고인도 먹고 마셔야 한다고 생각하기 때문이란다. 론다의 동굴 위 산꼭대기까지는 1,000m나 되며 산 중턱 바위틈 여기저기에도 관들이 들어가 있다.

또라자에서 가장 높은 바뚜뚜몽아 | Batutumonga

또라자에서 가장 높은 곳은 해발 1,500m에 있는 바뚜뚜몽아라는 곳이다. 란떼빠우 시내에서 그곳까지 자동차로 1시간 이상 걸린다. 가면서 길섶 바위에도 무덤을 만들어 놓은 또라자의 장례문화는 대단하다고 느껴질 것이다. 바뚜뚜몽아에 도착하여 내려다보면 곡선으로 된 논둑을 층층이 쌓아놓은 계단식 논을 볼 수 있다. 뿐만 아니라 신선한 공기와 산바람이 그동안 쌓였던 스트레스도 확 날려주고 몸으로 스며들어 가슴이나 허파를 부풀게 만들지도 모른다. 가슴에 바람이 드는 것은 좋은데 허파에 바람이 드는 건 좋지 않은 일일

바뚜뚜몽아

수도 있다. 물론 웃자고 한 말이다. 바뚜뚜몽아에서 하룻밤 정도 보내는 것도 또라자 여행길에 한 획을 긋는 일정이 될 것이다.

여러 종류의 무덤이 있는 깔림부앙 보리 | Kalimbuang Bori

깔림부앙 보리는 또라자 무덤의 여러 형태를 한눈에 볼 수 있어 서양인들에게 관광지로 많은 사랑을 받는 장소다. 란떼빠우 시내에서 **5km** 떨어진 곳이다.

우뚝 서 있는 돌을 또라자 방언으로 '심부앙 바뚜' 또는 '먼히르Menhir'라 한다. 이곳은 왕족·귀족들의 무덤이며 먼히르의 높이가 높을수록 명예와 업적이 높은 분이다. 이 돌들을 산에서 가져와서 먼히르로 만드는 데까지 걸리는 기간은 약 3개월 정도다. 그 기간에 일하는 사람들을 위해 잡은 물소나 가축

인도네시아 그 섬에서 멈추다

들이 수백 마리가 넘는다고 한
다. 돌 사이 뒤쪽에 똥꼬난의 마
루가 있는데 그곳은 장례준비
를 시작하여 마칠 때까지 시체
를 보관해 두는 시체 안치소였
다. 먼히르의 높이는 한 뼘에서
5m까지 다양하다. 사진에서 잘
보면 먼히르 꼭대기에 뭔가 얹

깔림부앙 보리의 무덤들

어둔 게 보이는데 이건 고인의 몫인 보석을 보관해 둔 것이다.

또 하나 더, 거석 뒤에 키 큰 나무가 있는데 따따르^{Tatar}나무라고 하며 영아
들의 무덤이다. 돌무덤이나 절벽의 돌무덤과 동굴무덤을 다 보았지만, 실제로
보면 우뚝 서 있는 돌들이 나를 반기는 것 같았고 무엇보다 고개를 들고 쳐다
봐야 하므로 존경하는 마음이 저절로 생겨 나에게는 아주 인상적인 곳이다.

또라자 커피와 빠삐옹 | Papiong

• **빠삐옹**　빠삐옹은 전통음식으로 결혼식이나 장례식 때는 반드시 먹을 수 있
다. 호텔이나 식당에서도 먹을 수 있다. 돼지고기를 썰어 바나나 나무줄기와
양념으로 파, 소금, 고추, 생강을 섞어 대나무 속에 넣어 불에 구워서 만든 음
식이다. 맛있다. 아주 맛있다.

• **또라자 커피**　또라자까지 갔으면 또라자 커피를 마셔보는 일은 아주 당연하
다. 아니 꼭 마셔 봐야 한다. 왜? 맛이 일품이니까!

또라자 커피는 대부분 산 밑에서 작은 밭에 주민들이 심고 수확한다. 또라
자 커피 향은 봉지를 개봉하자마자 맡을 수 있다. 쓴맛이 다른 커피의 쓴맛과

다르다는 게 또라자 커피만의 장점이다. 어떤 종류의 커피는 쓴맛이 입에 오랫동안 남아 있지만 또라자 커피는 다르다. 쓴맛이 금방 없어진다. 커피 맛은 여행자 각자에게 맡긴다.

따나또라자 가는 방법

따나또라자에 가려면 술라위시 남부 마까사르 공항에서 경비행기를 타고 가면 45분쯤 걸려 뽕띠끄(Pong Tiku) 공항에 도착한다. 경비행기 노선은 화금요일 이틀이라지만 실은 노선운행이 불규칙하여 스케줄을 예측할 수 없기에 차라리 자동차를 이용하는 편이 더 수월하다. 굳이 대중버스를 이용하고 싶다면 마까사르의 다야 터미널에서 란떼빠오(Lantepao)로 가면 되고, 아니면 렌터카로 가는 방법도 있으며 자동차로 8시간 걸린다. 좀 지겨운 거리지만 가다가 찰옥수수와 양념(소금, 고춧가루, 레몬즙)과 함께 밥 대신 먹는 현지인들의 먹을거리에 한 끼 정도 떼어도 그리 손해난 일정은 아닐 것이다.

인도네시아 그 섬에서 멈추다

04
생깡
Sengkang

　　생깡에서 호수까지는 약 7km 거리다. 왈라네 강에서 쪽배를 타고 30분 정도면 땜빼 마을에 도착한다. 땜빼 호수는 세계 최대 민물고기 서식지이다. 호수 안에 있는 둥그런 모양의 물풀이 물고기 먹이다. 5인용 쪽배를 타고 호수로 가려면 풀숲을 뚫고 쪽배가 지나가는데 물결에 따라 풀들이 일렁일 때는 내 마음도 일렁거렸다. 쪽배의 왕복 요금은 1인당 5만 루피아를 지불하면 된다. 호수 주변에 사는 사람들은 건기 때인 매년 8월 23일이면 어부들의 대표자가 소를 잡아 호수를 정화하는 의식을 올린다. 그날은 축제도 있는데

세계 최대 민물고기 서식지

전통보트 경주 및 보트 장식도 하며 소년소녀들이 전통복장을 하고 노래와
춤을 추기도 한다. 호수를 찾는 관광객은 주로 또라자에서 마까사로 가는 도
중에 방문하거나, 아니면 마까사르에서 또라자로 가는 도중에 방문하는 관광
객들이 많다.

인도네시아 그 섬에서 멈추다

05

마로스
Maros

●●●마로스 군 반티무릉Batimureng 면에 가면 선사시대 석회암동굴공원이 있다. 공원의 이름도 따만 뻐스자라 레앙레앙Taman Prasejarah Leang-leang 선사시대 동굴공원이다. 레앙은 마까사르 언어로 '동굴'이다. 이 동굴은 1950년 네덜란드인 반 히케렌Van Heekeren과 히렌 팜Heeren Palm에 의해 발견되었다. 동굴은 산중턱에 있어 60개 정도의 가파른 계단을 올라가야 한다. 사실 동굴이라 해서 물방울이 떨어지고 박쥐들이나 살겠지 생각했는데, 박쥐는커녕 오히려 사람들이 살았던 흔적을 볼 수 있어 기뻤다. 선사시대 동굴벽화를 보니 어느 글에서 읽은 게 생각난다. 왜 사람들은 나무나 바위에 낙서

레앙레앙동굴 입구

를 하는지? 종이가 없던 시대 사람들은 그림이나 글자를 바위나 나무 아니면 땅바닥에 적으면서 공부하였다는데 오늘날 바위나 나무에 낙서를 하는 것도 본능적으로 그런 이유에서가 아닐까 하는 대목을 읽으면서 나는 저절로 고개가 끄덕거려졌다.

동굴 입구는 아주 작았지만 안은 꽤 넓었다. 사다리를 놓고 올라가는 다락방도 있고 적군이 오는지 망을 볼 수 있는 구멍도 있었다. 게다가 재미있는 벽화가 그려져 있었다. 돼지와 사슴을 사냥할 때 사용하는 도구 화살촉 그림과 여러 개의 손바닥 그림이었다. 일부 고고학자들은 손바닥 그림은 가족의 죽음에 대한 애도의 표시로 손가락을 잘라 벽에 찍은 것이 아닐까 추정한다. 아마 동굴은 B.C. 8000~B.C. 3000년의 것으로 추정된다.

학창시절 때 수업시간에 구석기, 신석기, 청동기, 선사시대를 배울 때는 재미도 없고 지루했는데, 한 편의 만화 같은 동굴벽화를 보면서 선사시대 사람들의 생활을 단번에 훤히 이해할 수 있었다. 이론은 역시 지루할 수밖에 없는 것이라고 혼자 중얼거리면서 학창시절 수업시간이 떠올라 혼자 빙그레 웃었다. 오늘은 백문이 불여일견(百聞이 不如一見)이라는 말이 참말로 '옳소' 하고 외치고 싶은 날이다.

돼지 암벽화

손바닥 암벽화

　　　　　인도네시아 그 섬에서 멈추다

06
우중빤당
Ujung Pandang

●●우중빤당^{Ujungpandang}은 술라웨시 섬 남부의 가장 큰 도시이다. 16세기경 향신료 무역항의 요새였던 흔적을 지금도 볼 수 있으며 마까사르라고도 한다. 수카르노핫따^{Soekarno Hatta} 항구가 있으며 배를 타고 20분 정도 건너면 사마로나^{Samarona} 섬에 도착한다. 사마로나 섬의 바다는 햇살에 반짝거리는 물결의 움직임과 부드럽고 하얀 모래 그리고 섬의 분위기가 세련되었다는 표현도 지나치지는 않다. 우중빤당은 생선구이 맛이 유명하고 또 오딱오딱^{otak-otak}이 유명하다. 오딱오딱은 바나나 잎에 싸서 불에 구워서 먹는데 오뎅맛이다.

우중빤당 앞바다

07
불루꿈바
Bulukumba

조상의 방식을 그대로 따르는 암마또아 사람들 | Ammatoa

하늘 아래 가장 오래된 땅이라 불리는 암마또아에서 살아가는 사람들 이야기다.

대나무 숲에 한 방향으로 집 짓고, 검은 옷 입고 보따리 이고 장에 가고, 샘물 길어 밥 지어 호롱불 아래 결혼식 하고……. 시대가 아무리 변했다고 해도 우리는 조상님이 주신 방식대로 살아가련다. 그러니 당신들도 우리 마을에 올 땐 검은 옷을 입고 우리 방식을 따르세요.

그녀는 아침에 신부화장하고 밤까지 신랑을 기다렸다. 밤 10시가 되자 신랑은

암마또아 사람들

인도네시아 그 섬에서 멈추다

아버지 손을 잡고 신부 집으로 들어섰다. 신랑을 맞이한 사람들은 신랑을 신부 방 앞에 두 시간가량 앉혀 두었다. 자정이 되었다. 하루 종일 신랑신부 양가로 다녔더니 너무 고단해 혼주에게 말했다.

"혼례는 언제 올려요, 신랑신부가 너무 피곤해 보여요."

"그렇지 않아요. 오늘 결혼식이 너무 많아 주례자(이슬람교 목사)가 바빠서 우리 마을까지 못 온다고 연락 왔어요."

"아니 그럼 신랑신부는 어떻게 해요?"

"아마 한 달 후에나……."

"……."

이번에는 하다만 결혼식도 참석해 보네. 얄궂은 관습법만 있는 오지가 나는 좋다.

암마또아 가는 방법

마까사르 시내에서 출발하여 라말라까(Lamalaka) 해변을 지나고, 불루꿈바를 거쳐 암마또아 마을까지 총 5시간 걸린다. 암마또아 마을 입구에 도착하여 1km 걸어가면 마을이다. 마을에는 자동차가 들어가지 못한다. 마을 근처에는 숙소가 없으므로 불루꿈바 시내에서 묵어야 한다.

발리 여인들의 행렬

Part 5

발리
Bali

인도네시아를 모르는 사람도 발리는 알고 있을 정도로 발리는 이미
세계에서 손꼽히는 휴양지로 널리 알려져 있다. 힌두교를 믿고 있는
지역인 만큼 오랜 시간의 역사가 빚어낸 종교적 문화는 이미 하나의
예술로 승화되어 호주, 일본 등 외국 예술인들이 즐겨 찾는 곳이기도
하다. 400만 명 남짓의 발리인들은 표준어인 인도네시아어는
물론이고 발리어 그리고 관광지라 대부분이 간단한 영어대화 정도는
가볍게 구사하는 언어실력을 지니고 있다.

최초로 인도네시아 전국을 통일시켰던 힌두교 기반의
마자빠힛(Majapahit) 왕국이 기원전 1500년 이슬람교의 전파로
패망한 후 남아 있던 힌두교인들이 발리로 피신하였다. 네덜란드가
인도네시아를 지배할 당시 네덜란드 동인도회사(VOC)를 통해
발리를 점령하려 시도하였지만 발리인들의 강한 저항으로 인해 자와
섬만큼은 그 지배력을 강화시키지 못하였다.

국제적으로 저명한 관광지였던 만큼 자본주의의 상징으로도 여겨져
2002년과 2005년 극단적 이슬람 테러리스트 집단에 의해 폭탄
테러를 받았으며 수백여 명의 내외국인들이 사망 및 부상을 당했다.
해당 사건으로 인해 관광지로서의 발리의 인기는 약간 주춤하였으나
인도네시아 정부가 피해자들을 추모하는 평화기념비를 설립했다.
그 뒤 매년 평화의 의미를 되새기는 추모 행사를 여는 등, 발리를
사랑하는 사람들의 꾸준한 노력을 통해 발리 섬은 다시금 그 명성을
되찾았고 현재도 각국 관광객들로부터 사랑받는 지상낙원으로 남아
있다.

발리 힌두인들의 의식

발리에서 힌두인을 만나면 '옴 수와스띠와수뚜'라는 평안을 기원하는 인사말을 건네 보는 것도 좋다. 흔히 신들의 나라로 불리는 발리는 '의식을 하는'의 뜻이며 발리에서는 전통복장을 하고 오토바이를 탈 경우 도로에서 안전모를 착용하지 않아도 교통법규상 위반이 되지 않는다.

승바양(Sembayang) 하는 모자

발리로 여행 갔을 때 응아벤(장례식)을 보게 되면 관광객으로서 그것보다 더 큰 행운은 없을 것이다. 발리 힌두인들의 행사 중에 가장 큰 행사는 '세상을 정결하게 한 후 조용히 새해를 맞이한다'는 녀삐Nyepi다. 또 선신과 악신

인도네시아 그 섬에서 멈추다

의 싸움에서 선신의 승리하여 기쁨을 나누는 갈룽안 꾸닝안^{Galungan Kuningan} 때
는 집마다 대문 앞에 세워진 뺀조르가 장관을 이룬다. 그날은 모델하우스 같은
발리 전통마을 뻥리뿌란에 가면 70여 가구마다 대문 앞에 나란히 세워놓은 뺀
조란을 볼 수 있다.

물소 경주, 머꺼뿡 | Mekepung

머꺼뿡 대회를 보고 있으면 영화 <벤허>를 떠올리게 된다. 발리 시에서 서
쪽으로 자동차를 타고 약 3시간 정도 가면 느가라^{Negara}라는 곳이 있다. 느가
라는 해마다 10~11월까지 매주 토요일 물소경주대회가 열린다. 물소 두 마
리가 한 팀이 되어 마차를 끌고 경주하는 머꺼뿡으로 유명하다.

인도네시아에는 소들이 경주하는 곳이 네 곳이 있다. 수마트라 섬 미낭까
바우족의 빠쭈 자위^{Pacu Jawi}, 마두람 섬의 까라빤 사삐^{Karapan Sapi}, 숨바와 섬의
바라빤 꺼보^{Barapan Kebo}, 그리고 발리 섬의 머꺼뿡이다. 두 곳은 일반 소로 달리

머꺼뿡

고 두 곳은 물소로 달린다. 두 곳은 무논에서 달리고 두 곳은 마른 땅에서 달린다. 각자 다른 공통점 하나는 조끼(기수)가 한 사람이라는 것이다.

머꺼뽕에서 여러 번 우승한 챔피언을 만났다. 그에게서 물소인 황송을 길들여 경주소로 만들기까지의 이야기를 들었다. 시골에 있는 건강한 물소를 데려오면 천방지축으로 날뛰는데 며칠 동안은 소를 두들겨 팬다. 바나나 줄기로 소를 때리면 소리가 뻥뻥 나면서 아프지는 않지만 물소가 소리에 놀라 겁을 먹는다. 그렇게 3~4일 정도 하면 고집 세던 물소가 항복하며 그때부터는 주인이 하는 대로 물소가 따라 움직인다고 한다.

물소들이 경주할 때 채찍질을 해 상처가 난 곳은 매운 고추, 기름, 소금을 넣고 갈아서 발라 주면 순간적으로 따가워 펄쩍 뛰지만 닷새 안에 상처가 깨끗하게 아문다. 머꺼뽕은 두 팀이 일정한 거리를 둔 위치에서 출발하여 1km 거리를 한 바퀴 돈다. 길이 좁아 두 마차가 엎치락뒤치락하기엔 힘들다 하여 앞서 출발하는 마차와 뒤에 출발하는 마차의 거리 간격이 처음 출발했을 때와 어느 정도 차이가 나는지를 보고 우승을 판가름한다.

께짝댄스를 볼 수 있는 울루와뚜 사원 | Kecak Dance

울루와뚜 사원 입장료는 3,000루피아이며, 신성한 사원에는 노란색 천을 허리에 두르고 입장해야 한다. 반바지 차림은 사룽을 사용하도록 한다. 울루와뚜 절벽에 가면 원숭이들이 있다. 원숭이들은 안경도 빼앗아 가고 모자, 카메라, 귀걸이, 목걸이 등 닥치는 대로 다 집어 간다. 울루와뚜는 절벽에서 내려다보는 바다의 파도가 한마디로 통쾌하고 시원하다. 그곳은 영화, 뮤직비디오 등을 촬영한 곳이라고들 하지만 다 지나간 이야기고 날마다 가면 볼 수 있는 중요한 게 있다. 바로 께짝댄스다.

발리 남성들의 전통춤인 이 께짝댄스는 '집단 최면에 의한 종교의식'으로

인도네시아 그 섬에서 멈추다

전염병이나 천재지변으로부터 몸을 보호하기 위해 했던 원숭이 춤으로 남성들이 합창하는 연극이다. 께짝은 군대를 표현하며, 체크무늬 천을 허리에 두르고 앉은 남자들이 햇불을 들고 둥그렇게 원을 만들어서 처음부터 끝까지 '찌찌 차차 쵸쵸' 등 3가지의 음으로 원숭이 흉내를 내는데 께짝은 이 소리가 합쳐진 음이다. 께짝댄스는 인도네시아 2대 서사시 중의 하나인 라마야나Ramayana에서 초안을 잡아 만들어 냈다고 한다.

라마Rama는 아오디아Ayodhia 왕국의 차기 왕위 계승자였지만 이를 질투한 여왕의 모함을 받게 되어 아내 시따와 함께 고향에서 내쫓긴다. 알랭카 왕국의 사악한 라와나Rhawana는 아름다운 시따를 차지하기 위하여 황금사슴을 보내 유혹하기도 한다. 라와나의 간계로 시따가 납치되자 라마와 동생 락사마는 원숭이 군대의 도움을 받아 알랭카Alengka와 사투를 벌인 전투 끝에 사악한 마왕으로부터 시따를 구출해내고 어렵게 시따와 재회하게 된다. 이에 결국 감동한 여왕이 라마의 취임을 인정한다는 내용이다.

tip!

께짝댄스 공연
시작시간: 매일 오후 18:00
장소: 울루와뚜(Uluwatu) 절벽
입장료: 80,000루피아(단체 숫자에 따라 가격이 달라짐)

버두굴 사원

5만 루피아 지폐에 그려진 버두굴 사원 | Bedugul

발리에는 힌두사원이 많다. 내가 본 사원 중에서 가장 멋진 사원은 버두굴이었다. 사원에 들어서면 다른 사원들과 달리 상당히 깔끔하게 정리된 느낌을 받을 것이다. 현재 인도네시아에서 사용하는 지폐 5만 루피아 뒷면에 이 사원이 그려져 있다. 따바난 군 바뚜리띠 면 짠디꾸닝 마을에 위치하며 덴파사르에서 50km 떨어진 거리다. 날마다 돈을 쓰면서 돈에 그려진 곳은 어떤 곳일까 궁금해서 가 보았다.

버구둘의 브라딴Bratan 호수 가장자리에는 번영의 여신인 스리 여신에게 기도를 올릴 수 있는 울룬 다누Ulun Danu 사원이 있다. 울룬 다누는 호수라는 뜻의 인도네시아어 '다나우'에서 비롯되었다고 한다. 울룬 다누 앞마당 좌측에는 기원전 500년 거석시대 때부터 전해오는 석관과 비석이 있으며 이 2개의 거석유물은 석기시대 당시 의식을 행한 위치라 추정되는 단 위에 올려 있다. 울룬 다누 사원은 3개의 사원으로 이루어졌으며 이 모든 사원들은 뜨리무르띠(힌두교에서 창조신·유지신·파괴신을 일체로 표현한 것) 신들에게 인간의 번영·번

성·평안과 더불어 자연의 영원을 기원하기 위해 세워졌다.

보트를 타고 브라딴 호수를 건너면 시원한 바람을 쏘일 수 있어 좋다. 호수 건너편에는 숙박시설도 있다. 버두굴에 갈 때는 편한 복장으로 가면 좋다. 많이 걸을 수도 있으니까.

촬영장소로 인기 있는 빠당빠당 해변 | Pantai Padang-padang

해변 이름이 재미있다. 그곳에 가면 그 무엇이 파당파당거릴 것만 같은 느낌이다. 위치는 울루와뚜 사원에서 가깝고 덴파사르 시내에서 약 40분 정도 걸린다. 빠당빠당 해변은 좁다란 바위틈 사이로 비집고 들어가서 어두우니까 조심조심 계단을 내려가야 해변이 나온다. 하얀 모래와 청록색 바다 파도가 커서 서핑 장소로 그리고 영화, 뮤직비디오 촬영장소로 유명하다. 1996년 마이클 뮤직비디오 촬영 이후 세상에 알려지기 시작하면서 많은 외국 관광객들이 찾아 들고 있다. 지난해 MBC <세상의 여행> '인도네시아' 편에서 조여정 씨가 수영했던 곳이기도 하다. 빠당빠당 해변은 사실 발리에서 가장 인기 있는 해변으로 꼽히고 있다. 특이한 악기를 가져와 연주하거나 책을 읽거나 수영하면서 사람들은 저마다 바다에서만 즐길 수 있는 시간을 갖는다. 특히 저녁 노을이 질 때면 바다의 여유로움을 느낄 수 있는 곳이다.

빠당빠당 해변

맹그로브 숲 목선 투어

시원한 맹그로브 숲으로 | Mangrove

　맹그로브에서 투어할 곳은 두 곳이다. 사누르에서 약 100m 거리에 있는 이 곳은 맹그로브 정보센터Mangrove Information Center이다. 맹그로브 숲 속으로 길이 만들어져 있다. 맹그로브 숲 아래는 진흙들이 있고 그 위로 걸어 다닐 수 있도 록 2km 거리를 나무다리로 길을 만들어 두었다. 시원하여 좋고 도심을 떠나 조용한 숲과 대화를 나눌 수 있는 곳이다. 다른 한 곳은 목선을 타고 다니는 곳이다. 렘봉안Rembongan의 맹그로브 숲을 목선을 타고 투어하는데 숲 속에 들 어가면 아늑한 분위기가 조성되어 있다. 숲 속에는 아나콘다와 같은 많은 악 어와 여러 새들이 살고 있다.

　바다에서 사용하던 모터를 끄고 사공은 긴 막대로 물결에 붓글씨를 쓰듯이 노를 저었다. 모터를 끄지 않으면 숲 속에 사는 동물들에게 피해를 주기 때문 에 꼭 모터를 꺼야 한다. 배가 소리 없이 맹그로브 숲으로 커다란 종이배가 되

　　　　　　　　　　　　　　　　　　인도네시아 그 섬에서 멈추다

어 이리저리 떠다니자 조여정 씨는 좋아했다.

"열대에서만 누릴 수 있는 이 맹그로브 숲의 기온과 매력."

그러다가 작은 악어 한 마리가 목선 앞으로 수면을 줄 그으며 지나가자, "어머나 저것 좀 봐요" 하고 조여정 씨는 눈을 동그랗게 뜨고 무서워 움찔하면서도 신기한 듯 반가워했다. 햇살이 들면서 나뭇가지에 앉아 있던 이슬이 수면 위로 떨어지자 물에서 놀던 어린 악어가 날름 주워 먹었다. 이슬을 먹은 악어는 배가 부른지 우리가 탄 배를 가이드해 주듯 맹그로브 골목을 누비고 다녔다. 인도네시아에는 맹그로브가 많지만 발리 맹그로브가 가장 아름답기로 유명하다.

스트레스를 씻어주는 아융 강 래프팅 | Ayung

아융 강 래프팅은 온몸에 붙은 스트레스를 확 씻어주는 멋진 세탁여행이다. 래프팅은 2시간 정도 걸리며 강의 길이는 6km이다. 래프팅 갈 때는 비닐팩을 하나 가져가는 것이 좋다. 카메라를 넣어 보관했다가 중간에 휴식할 때 기념 촬영을 할 수 있으니까. 강 중간에는 박쥐동굴이 있어 수백여 마리의 박쥐들이 날아다닌다. 그때 위로 쳐다보면 박쥐가 똥을 쌀 수 있다. 중간에 보트가 뒤집히기도 하기 때문에 여벌 옷과 세면도구 등을 꼭 가져가면 좋다. 신발은 운동화를 신고 가면 래프팅이 끝나고 올라올 때 좋다. 멋모르고 샌들을 신고 갔다가 래프팅하고 올라오는데 너무 발이 아파서 래프팅의

아융 강 래프팅

즐거움을 발 아픈 것과 바꿔버렸던 기억이 난다. 래프팅 가이드 중에 아궁이라는 아저씨는 한국 사람들을 많이 상대한다고 아예 가슴에 한글로 아궁이라고 문신까지 새겨 놓았다. 게다가 한국어로 "앞으로, 옆으로" 하는데 정말 재미있어 래프팅하는 내내 웃지 않을 수 없었다.

요금은 성인 270,000루피아, 6～12세 200,000루피아이다.

간절한 기도를 올리는 띠르따엄뿔 사원 | Tirtha Empul

띠르따엄뿔은 발리의 문화유산 중 하나이다. 발리 힌두인들은 집안의 큰 행사나 자신을 정결케 하고 간절히 기도하고 싶을 때 이곳을 찾는다고 한다. 기안야르 마누까야^{Manukaya}마을에 위치한다. 그 옆에는 수카르노 대통령궁이 있다.

띠르따엄뿔에 대하여 전해오는 이야기가 있다. 마야데나와 왕은 초능력을 가진 왕이었다. 하늘에서 인드라가 마야데나와 왕을 죽이라는 명을 받고 지상으로 내려왔다. 마야데나와 왕은 인드라가 찾을 수 없도록 발걸음을 비스듬히 하여 디디며 도망갔다. 그리고 마야데나와 왕은 물에 독을 타 두었다. 이를 안 인드라가 땅에 깃발을 꽂자 물이 솟아났고 그 물로 해독하였는데 그것이 오늘날 띠르따엄뿔이라는 것이다. 띠르따엄뿔에는 발리 힌두인들만이 목욕하는 게 아니라 관광객들도 함께 성수에 목욕한다.

띠르빠엄뿔 사원

인도네시아 그 섬에서 멈추다

절벽 위에 있는 럭셔리 레스토랑, 디 마레 | di Mare

발리에서 럭셔리한 레스토랑을 하나 소개하고 싶다. 칸다라 리조트^{Kandara}

^{Resort}의 디 마레 레스토랑이다.

이 레스토랑에서 바라보는 풍광은 '자연의 모습일까, 아니면 착시현상일까' 하는 생각이 들 정도로 정말 아름답다. 레스토랑의 음식은 정갈하며, 양은 넉넉하지 않지만 분위기에 취해서 먹다 보면 배가 부르다. 절벽 위에 있는 레스토랑에서 바다로 내려가려면 리프트를 타야 한다. 리프트는 레스토랑 손님이나 리조트 손님에 한하여 탈 수 있으며 일반인이 탈 경우 1인당 약간의 요금을 지불해야 한다. 아래로 내려가면 해변에 레스토랑이 또 하나 있다. 바다에서 고무보트를 타기도 하고 해수욕도 즐길 수도 있어 좋다.

특별한 추억을 남길 수 있는 부바 검프 | BUBBA GUMP

발리 시내를 다니다가 꾸따 거리를 걸어 보면 내국인보다 외국인이 더 많다. 지나치게 노출이 심해도 괜찮다. 발리니까. 한참을 걷다가 목이 마르면 부바 검프로 들어가라. 들어가는 순간 깜짝 놀랄 것이다. 직원들의 인사소리가 얼마나 큰지. 혹시 여행 중에 생일 맞은 사람이 있을 경우 직원에게 "오늘 제 생일입니다" 이렇게 말하면 잠시 후 요란한 풍악대가 나오고 뒤에 직원 10명 정도가 축하노래를 부르며 주인공에게 케이크와 왕관을 씌워준다. 시끌벅적한 생일축하가 아주 인상적이다. 영화 <포레스트 검프>를 떠올리면서 그곳의 핵심 메뉴인 새우요리를 먹으면 아름다운 추억이 될 것이다(부바 검프는 영화 <포레스트 검프>를 테마로 하고 있다). 우리 가족들과 발리여행 중에 마침 딸아이가 생일이어서 부바 검프에서 생일을 축하해 주었다.

발리 전통의상 입고 기념촬영

발리에서 여행 기념으로 발리 전통의상을 입고 기념촬영을 해 보는 것도 추억의 한 페이지를 메우는 좋은 기록이라 생각한다. 적당한 가격에 발리의 전통복장을 대여해 주고 메이크업도 해준다. 전통복장의 종류가 많으므로 각자 취향에 따라 부부, 연인 등등 고를 수 있다. 주로 일본 여행객과 홍콩, 한국 등 주로 동양인들이 많이 모이는 스튜디오다. 여행 기념촬영을 원한다면 FUKU INDAH 스튜디오를 추천한다.

발리 전통복장

발리에서 꼭 먹어보아야 할
음식 BEST 3

이부 오까(Ibu Oka)의
바비굴링(Babi Guling)

발리에서 실컷 먹을 수 있는 것으로, 우붓에 위치한 식당 이부 오까의 '바비굴링'이 있다. 바비굴링은 주로 아침과 점심 식사로 먹기 때문에 오후에 가면 음식이 없다. 바비굴링에는 돼지고기가 부위별로 한 조각씩 담겨 있으며 순대도 있다. Tegal Sari No. 2 Ubud

스가라(Segara) 레스토랑의
해산물구이

발리에서 해산물구이 하면 짐바란을 떠올리게 된다. 짐바란도 좋지만 가깝고 쇼핑도 하면서 해산물구이를 모둠으로 먹을 수 있는 곳이 있다. 스가라 레스토랑이다. 꾸따에 위치한 디스커버리 쇼핑몰(Discovery Shopping Mall) 안으로 들어가면 뒤쪽 해변에 있다.

시원하게 펼쳐진 바다를 바라보면서 해산물을 먹을 수 있어 분위기도 좋다. 메뉴가 다양하며 값도 저렴하다. 발리에 가면 꼭 들르는 나의 단골집이기도 하다.

베벡벙일(Babek Bengil)의
오리튀김

우붓에 있는 오리튀김으로 유명한 레
스토랑 베벡벙일에 가서 식사를 하는
것도 좋다. 베벡벙일은 1990년에 오픈
하였으며 우붓에 가서 물으면 인력거
부터 모든 사람들이 다 알고 있다.
베벡벙일, 왜 이름을 베벡벙일이라 하
였는지는 레스토랑 뒤편 논에서 뒤뚱
거리는 오리 떼를 보고, 아삭하게 튀긴
연한 오리튀김을 먹으면서 메뉴판에
적힌 이야기를 읽어보기 바란다. 몽키 포레스트(Monkey Forest)에서 250m 거리에 있다.

린자니 산의 풍경

Part 6

롬 복
Lombok

롬복은 서부 누사떵가라 주에 속한 지역으로 4개의 행정군과 1개의 행정시로 구성되어 있다. 약 270만 명의 인구가 살고 있으며, 그중 약 80% 이상이 이슬람교이고 발리 힌두와 그 외 다른 종교도 있다. 롬복은 자와어로 고추다. 사삭어 Lombo에서 Lomboq으로 변천하여 오늘날 'Lombok'으로 변한 것이며 직선이란 뜻이다.

또한 롬복에는 해발 3,726m 높이의 성스러운 린자니 산이 있다.

1990년대 떠오르는 관광지로 손꼽히기도 했지만 발리의 후광에 묻혀 롬복은 빛을 보지 못했다. 그러나 2000년대 들어 전형적인 발리의 관광 패턴이 아닌 더 자연스럽고 때 묻지 않은 관광지를 갈구하는 외국 관광객들에게 각광을 받으며 최근까지 인기 관광명소로 사랑받고 있다. 그 인기를 입증하듯 2011년에는 호주, 말레이시아, 싱가포르 직항으로 운행되는 국제공항이 신설되기도 했다. 발리와 이웃한 롬복은 발리의 대부분이 힌두교도들인 데 비해 대부분이 이슬람교도들이며 대부분은 사삭족 출신이다.

신에게 바치는 제물, 나르마다 공원

　나르마다 공원은 까랑아슴 왕국이 롬복을 통치할 때 마타람의 왕에 의해 지어졌다. 왕이 린자니 화산의 호수에 정기적으로 신에게 제물을 바치는 번거로움을 대신하기 위해 만들어졌다고 한다. 약 헥타르의 넓은 공원은 언덕에서 궁전 전체를 볼 수 있다. 남쪽으로 큰 벽을 통과하는데 담벼락에 작은 풀과 이끼들이 아름답게 자라고 있다. 호수 중앙에는 뿌라깔라사 힌두사원이 있다. 담벼락을 따라 남쪽으로 내려가면 넓은 수영장 같은 호수가 있다.

나르마다 공원

인도네시아 그 섬에서 멈추다

모든 바다생물이 모이는 딴중 루아르 | Tanjung Luar

딴중 루아르

롬복의 딴중 루아르는 항구이며 수산물시장이다. 인도네시아 바다에 사는 모든 것들이 다 모여 있는 듯 다양하고 푸짐했다. 그중에서 가장 눈에 띄는 건 상어였다. 상어는 6월에서 9월 하순까지 잘 잡힌다. 어부들이 작은 배를 타고 바다로 가서 상어를 잡아 오면 시장바닥에서 해체하여 부위별로 판매한다. 잡은 상어를 어부들은 머리와 꼬리를 묶고 막대기에 매달아 둘이서 메고 날랐다. 그 모습을 보는데 자꾸 웃음이 나왔다.

아련한 추억이 떠오르는 끄란당안 해변

끄란당안 해변의 노을은 나를 울렸다. 차를 타고 지나가다 낚시하는 사람들이 있어 해변으로 갔다. 바다를 바라보고 있는데 바다 건너편 산에서 하늘이 물들기 시작했다. 알록달록 노을이 산 위에 깔리자 고향의 앞산이 떠오르고 엄마가 그리워졌다. 시계가 없던 내 유년시절 엄마는 노을이 지면 그만 놀아야 한다고 하셨다. 그 시간을 놓쳐버리면 엄마는 어김없이 큰 소리로 나를 불렀다.

"월아~"

내 이름은 메아리치며 아름다운 노을 속으로 퍼져 나갔다. 나는 엄마가 된 지금도 가끔 노을을 보면 유년시절이 떠올라 울컥거린다. 요즘은 내가 버릇처럼 노을을 볼 때마다 "엄마~" 하고 불러본다. 하늘나라에 계시는 엄마는 내 목소리를 들을 수 있을까?

두 번 떨어지는 슨당길레 폭포 | Sendang Gila

2단계로 떨어지는 폭포가 보고 싶어 린자니 산기슭 스나루^{Senaru}로 갔다. 롬복의 사삭족과 발리 사람들이 성스러운 산으로 섬기는 린자니 국립공원에 속해 있고 세계적으로 많은 등산가들이 오르고 또 오르는 인기 있는 산이다.

스나루에 도착하여 언제 어디서나 손쉽게 먹을 수 있는 바소를 먹고 있는데 옆에서 가이드들이 몰려들었고 키 작고 잘생긴 가이드가 말을 건넸다.

"롬복(도시 이름) 나시고렝 어때요?"

"롬복(작은 고추)이 들어가서 맵네요!"

키 작은 가이드는 웃으면서 내 신발을 자세히 보더니 혹시 린자니 산에 등산할 계획은 없는지 물었다. 시간이 없어 안 된다고 했더니 가까이 다가와서, "린자니 산에 올라가는 제일 좋은 등산로는 지금 이곳 스나루에서 출발해서 북사

면으로 올라가며 정상까지 왕복 3일이 걸리는데 산꼭대기에 분화구와 녹색호수, 온천이 있고, 날씨가 맑으면 롬복 전체와 숨바 섬까지 볼 수 있다"며 종이에 그려가면서 이야기했다. 열심히 이야기해도 내가 별 반응이 없자 정말 풍경이 좋다며 휴대폰에 저장된 사진까지 보여주었다. 나는 식사하는 동안 친구가 되어 줘서 고맙다고 말하고 일어서서 폭포로 내려갔다.

슨당길레 폭포는 해발 600m 위치에 있으며 폭포의 높이는 31m다. 폭포수는 처음에는 절벽에서 떨어지고 그 물이 고였다가 다시 아래 강으로 떨어진다. 그래서 바라보면 2단계 폭포수로 보인다. 두 번째로 떨어지는 폭포수가 물보라가 되어 날리자 햇살에 무지개가 선명하게 그려졌다. 그 무지개를 잡으려고 강으로 내려갔다가 옷만 흠뻑 젖었다. 서양인들은 수영복으로 갈아입고 물벼락을 맞으며 좋아 죽겠다고 소리쳤다.

슨당길레 폭포

롬복 사삭족들의 음식

롬복의 사삭족은 결혼식이나 큰 행사가 있을 때 전통음식 아얌붐부 뻴레찡, 뻬뻬스 럼무, 사유르 올라올라, 다깅붐부 뻴레찡안, 붐부꾸닝 등 음식을 만들어 여러 사람이 함께 나눠 먹는다. 이렇게 다 함께 먹는 걸 버기붕Begibung이라 한다.

버기붕

일레아뻬 산 아래 풍경

Part 7

플로레스
Flores

인도네시아의 플로레스 섬은 뱀처럼 생겼다 하여 섬사람들이 누사
니빠(Nusa Nipa)라 불렀다. 16세기경 포르투갈 무역 상인들이
플로레스 라랑뚜까에 도착해 "짜보 다 플로레스(Cabo da Flores)"라고
말했다. 포르투갈어로 꽃이란 뜻이며 그 후 네덜란드 선교사에 의해
사용되면서 섬 주민들도 따라서 플로레스라는 이름을 쓰기 시작했다.
플로레스 섬에 사는 리오족은 명절이나 큰 행사가 있을 때 플로레스
섬을 상징하는 뱀이 똬리 트는 모습으로 뱀춤을 춘다.

01

럼바따
Lembata

　　˙˙럼바따는 플로레스 섬 동쪽에 있는 군소재지이다. 럼바따란 이름으로 불리기 이전 네덜란드 때는 러빤바딴 섬의 롬블렌 사람들로 부르다가 1967년 1월부터 럼바따로 정해졌다. 작살로 고래잡이 하는 라마레라로 가려면 럼바따를 경유하는 게 가장 지름길이다. 발리에서 쿠팡 Kupang에 도착하면 럼바따 섬으로 가는 항공은 2개뿐이다. 그중에 수시항공 정원은 조종사 2명, 승객 12명, 총 14인승이다. 승객의 짐은 1인당 10kg으로 제한되며 기내로 가져갈 가방을 메고 티케팅과 함께 저울에 올라가서 몸무게를 재어야 한다. 수시 Susi항공은 소형이라 1톤을 넘으면 비행을 할 수 없다고

럼바따 공항

인도네시아 그 섬에서 멈추다

일레아뻬 활화산

한다. 여러 곳으로 다니면서 비행기를 타 보았지만 승객들의 몸무게를 재는 항공노선은 쿠팡발 럼바따행이 처음이다. 뿐만 아니라 수시항공은 탑승하기 전 비행기 앞에서 승무원으로부터 구명조끼 착용에 대한 설명을 듣고 탑승을 했다. 승무원이 없기 때문에 맨 뒷좌석에 앉은 내가 문을 잠근 적도 있다. 소형비행기를 타고 오지를 가니 종이비행기를 탄 것처럼 마음이 가벼웠다.

하얀 모자를 쓴 일레아뻬 활화산 | Gunung Ile ape

럼바따에 위치하는 레올레바 공항에 도착하면 저 멀리 산꼭대기에서 연기가 꾸역꾸역 피어오르는 걸 볼 수가 있다. 아마 보는 이들은 그 산 정상에 올라가고 싶어질 것이다. 내가 그랬으니까. 그 산이 바로 일레아뻬 산이다. 일레아뻬는 그곳 지방언어로 화산이란 뜻이다. 일레아뻬에서는 유황이 생산된다.

레올레바에서 약 15km 떨어져 있으며 자동차로 1시간 30분 정도 걸린다. 항공기를 타고 내려다보면 일레아뻬 분화구에서 불꽃이 이따금 솟아오르는 걸 볼 수 있다. 산꼭대기 분화구에는 산꼭대기에 하얀 모자를 씌워 둔 것처럼 피어오른 연기가 늘 고여 있다. 그러나 아주 맑은 날 바람이 연기를 잘 날려버려 주는 날이면 피어오르는 불꽃도 볼 수 있다.

레오할라 전통마을 | Lewohala

일레아뻬 산 중턱에 위치한 깜뿡 레오할라Lewohala는 전통마을이다. 해마다 9월이면 페스타 까짱이 열린다. 조상 때부터 내려오는 이 페스타 까짱은 전통 복장 차림을 한 77개 씨족이 함께 모여 전통춤을 추고 콩을 삶아 밥에 섞어 함께 나눠 먹는 풍습이다. 페스타 까짱은 악귀를 물리치고 후손들에게 복을 기원하는 조상 대대로 내려오는 그들의 전통문화다. 페스타 까짱이 있는 날 존따나 마을에서 일레아뻬 산기슭을 돌다가 산 중턱의 레오할라 마을까지 올라간다. 페스타 까짱을 구경하러 오는 관광객들은 행사가 끝나면 일레아뻬 산으로 올라가서 럼바따의 파노라마를 즐긴다.

레오할라 마을 산 중턱

인도네시아 그 섬에서 멈추다

활화산 바뚜따라 | Batutara

바다에 인접해 있는 바뚜따라 화산은 해발 700m이며 1852년에 화산폭발
이 있었으며 그 후 1세기 반이 지난 2007년 3월 17일에 다시 화산이 폭발하였
다. 럼바따에 위치하며 항공기에서 촬영한 사진을 보면 연기는 피어오르지
않지만 활화산으로 손꼽히고 있다. 위에서 내려다볼 때 마치 밥공기를 산꼭
대기에 놓아둔 것 같았다.

라마레라로 향하며

럼바따 섬 레올레바에서 출발하여 라마레라로 가는 길은 일반 자동차로 3

시간 반 정도 걸린다. 하지만 SBS의 <SBS 모닝와이드> '할리가 간다' 제작팀은 사람이 많아 개조된 트럭을 타고 갔다. 우리는 가다가 깊 섬 계곡의 온천과 이제까지 숨어서 흐르던 멋진 폭포를 찾아 잠시 휴식을 취했다.

라마레라로 가는 길

오토바이가 달려도 먼지가 풀풀 나는 시골 흙길을 우리는 문도 없는 트럭을 타고 달렸다. 가는 동안 먼지를 얼마나 뒤집어썼는지 모르겠다. 중간쯤 폭포에 도착하여 복면했던 손수건을 풀어 맑은 물에 담갔다. 물 묻은 손으로 얼굴을 닦자 땟물이 주르르 흘렀다.

로도와오 폭포

하얀 물보라와 무지개가 신비로운 로도와오 폭포

앗따와이 마을에서 차로 30분 정도 타고, 걸어서 20분 정도 가면 하얀색 물이 떨어지는 폭포가 있다. 폭포의 높이는 약 50m 정도이다. 폭포수가 흘러가는 계곡에는 커다란 바위들이 놓여 있고 바위 틈으로 하얀색 물이 흘러간다. 산속에서 흘러나오는 맑은 물과 하얀색 폭포수가 섞이는 것을 계곡에서 볼 수가 있다. 폭포를 둘러싼 고목들이 빼곡하며 숲의 시원한 기운이 가득하다. 폭포수가 떨어지면서 물보라로 변하고 사방은 무지개로 둘러싸였다.

인도네시아 그 섬에서 멈추다

인도네시아의 제비집 요리, 부룽왈렛

인도네시아에서는 부룽왈렛이라고 한다. 제비집을 요리하는 것이라며 자연산은 아주 귀하고 비싸게 팔리고 있다. 로도와오 폭포 아래쪽 커다란 바위 중간에 제비집이 있었다. 여러 개가 있었는데 제비집 속에는 땅콩만 한 제비알이 2개씩 들어 있었고 알이 없는 곳에는 어미제비가 새알을 품고 있었다. 사람들의 발길이 거의 없던 그곳, 제비가 어쩜 내가 찍는 사진에 놀랐을지도 모른다. 그러나 나는 처음으로 가까이서 보는 제비집이라 많이 신기하고 놀라웠다.

하얗고 예쁜 제비집

바위에서 흘러나오는 사부또바 온천

일레볼리 마을에 온천물이 흐르고 있다. 이 온천물은 바위에서 흘러나와 사부또바 강으로 흘러간다. 산자락 바위틈에서 흘러나오는 물을 주민들이

사부또바 온천

호스로 연결하여 나무막대를 받쳐 놓은 것이 4개 정도 있다. 맨 위쪽은 여자들이 목욕하는 곳으로, 그 아래쪽은 남자들이 사용하는 곳으로 정해 두었다. 이곳은 주말에 많은 사람들이 찾아와서 목욕을 한다. 계곡의 물은 맑고 작은 물고기들과 개구리들이 많이 살고 있으며 주민들은 개구리를 잡아먹기도 한다.

세계 유일의 고래잡이 마을 라마레라

라마레라 마을 입구에 들어서면 고래뼈들이 즐비하게 놓여 있는 걸 볼 수
있다. 세계에서 유일하게 고래잡이가 허용된 마을이며 이제까지 잡은 고래뼈
들을 전시해 놓은 풍경이다.

해마다 5~10월은 고래들이 이동하는 철인데 라마레라 앞바다를 지나간
다. 그때 라마레라 사람들은 마을 앞으로 지나가는 고래를 잡는다. 그들은 매
년 4월 29일에서 5월 3일에 바다에 미사를 지내며 그 미사는 뚜안따나가 인
도한다. 뚜안따나는 고래를 잡았을 경우 마을 사람들에게 분배할 수 있는 권
한을 가지며 그 권한은 세습된다. 그 누구도 고래 분배에 불만을 품지 못한다.
만약 불만을 품으면 그다음에 바다로 나갔을 경우 해를 당할 수 있다고 그들
은 믿는다. 따라서 뚜안따나의 분배에 감사해야 한다. 그러나 돌고래나 가오
리를 잡았을 때는 선주가 분배의 권한을 가진다. 라마레라 사람들은 고래뿐

만 아니라 돌고래, 가오리도
잡는다.

라마레라 마을 입구의 고래뼈들

'할리가 간다' 제작팀도 고
래를 잡으러 바다로 나섰다.
첫날 배가 출발하자마자 파
도에 휘청거려서 바닷물에
옷이 다 젖었다. 그때 나는
옷이 젖는 게 문제가 아니라
바다에 빠져 허우적거리는 생각까지 했다. 내가 빠지면 어제 새로 산 휴대폰
이 물에 젖을 텐데 어쩌지? 그 속에 든 사진들은 어떻게 하고?

그다음으로 드는 생각은, 아파트 수영장에서 수영하던 실력으로 살아날 수
있을까? 이 오지 섬에서 빠져 죽으면 가족들에게 연락은 갈까. 가겠지. 단체로
죽으면 마을에 있는 로버트 할리 씨 매니저가 이리저리 연락하겠지? 순간 몇
초 사이에 그런 생각들이 왔다 갔다 했다.

얼마 후 바다 중앙으로 가니 목선이 안정을 찾았다. 그날 허탕을 치고 돌아
오면서 로버트 할리 씨는 작살잡이와 함께 창 던지는 연습을 했다. 작살잡이
는 할리 씨를 뱃머리에 세워 놓고 창 던지는 요령을 설명했다. 작살잡이가 일
러준 대로 나는 뒤에서 고함을 지르며 통역해 주었다. 할리 씨는 뱃머리에 섰
다. 어지러울 것 같은데도 창을 잡더니 작살잡이에게 배운 그대로 물에 뛰어
들었다. 그런데 처음이라 창을 던지고 난 후에 바다에 뛰어들었다. 힘겹게 배
로 올라온 할리 씨에게 작살잡이는 창과 동시에 뛰어드는 방법을 다시 알려
주었다. 할리 씨는 알았다며 고개를 끄덕하고 이번에는 창과 함께 그냥 바닷
물에 풍덩 빠졌다. 배로 올라온 할리 씨는 뭔가 아쉬운지 다시 한번 잘해 보겠
다며 세 번째 도전을 했다. 창에 몸의 무게를 실어 폼도 멋지게 바닷속으로 뛰
어들었다. 어부들과 우리는 모두 박수를 쳤다. 배로 올라온 할리 씨는 내일 이

렇게만 하면 고래를 잡을 수 있다는 자신감을 얻은 듯했다. 할리 씨의 얼굴에는 뭔가 터득한 데서 오는 쾌감이 역력했다.

우리는 다음 날 무엇이든 잡겠다며 또 바다로 나갔다.

한참 가더니 작살잡이가 소리쳤고 어부들이 급하게 움직였다. 그곳에는 여러 마리의 돌고래들이 바닷속에서 튀어나왔다 들어갔다를 반복하고 우리는 긴장된 마음으로 어떻게 하면 잡을 수 있을까 숨죽이고 있었다. 작살잡이가 어제 할리 씨에게 가르쳐 준 것처럼 몸의 중력을 실어 창과 함께 몸을 바다로 날렸다. 나는 옆의 어부에게 물었다.

"고래 잡았어요?"

"네, 저기요."

고래는 물속에서 몸부림치며 빙글빙글 다녔다. 우리가 탄 목선도 고래와 사투를 벌이면서 창끝에 묶인 밧줄을 끌어올렸다. 신중하게 천천히 조심스럽게. 앗! 그런데 밧줄을 당겨 올리던 노인의 얼굴이 환해지면서 "아, 이건 고래보다 더 잡기 힘든 귀한 흰돌고래야"라고 말하자 어부들은 모두 기뻐했다. 고래를 배 위에 끌어올려 놓고 로버트 할리 씨는 "나도 이런 흰돌고래는 평생 처음 봤으예"라며 감탄을 했다. 고래를 잡았으니 만선인 기쁨으로 배를 돌려 숙소로 돌아가고 우리는 흰돌고래 앞에서 기념촬영을 했다. 그때 못된 파도가 배 뒷머리를 내리쳤고, 뒤에 앉아 있던 나는 얼른 휴대폰을 품에 안았다. 머리 위에서 물이 떨어지기 시작했다. 얼른 휴대폰의 안전을 체크했는데 액정이 보인다. 아, 다행이다! 또 배가 출렁이며 파도가 들이덮쳤다. 이번에는 높이

작살로 고래를 잡는 모습

인도네시아 그 섬에서 멈추다

라마레라의 흰돌고래

휴대폰을 숨긴다고 머리 위 모자 속에 넣었다. 파도가 잠잠해지고 나서 휴대
폰을 꺼내 보니 액정화면이 꺼지지 않는다. 아~ 기쁨과 슬픔은 한 조를 이루
어 다닌다더니…….

숙소로 돌아와 휴대폰을 말리면서 제발 고래와 찍은 사진만 무사해라 하며
간절하게 기도했다. 사진을 다른 휴대폰으로 옮기고 결국 그 휴대폰은 버리
고 새로 샀다.

울란도니의 물물교환시장

라마레라 마을에서 차를 타고 20분 정도 가면 울란도니에 매주 토요일마

물물교환시장의 풍경

다 7일장이 선다. 사람들이 저마다 고래·생선·곡식·야채·과일 등을 가져와 물물교환도 하고 일부는 돈을 사용하기도 한다. 시장의 풍경이 참 정겹다. 닭 한 마리 가져와 앉아 있는 아주머니, 바나나를 가져와 동생과 앉아 있는 언니, 일주일 동안 열심히 짠 이깟ikat, 목도리나 사롱을 가져와 팔려고 줄에 걸어 놓고 그 아래 앉아 있는 할머니. 그 어디에서도 볼 수 없는 시골 장터의 풍경이다. 머리에 이고 장터로 들어오는 사람들이 즐비한가 하면 트럭에서 내려 시장으로 오는 사람들도 많다.

02
엔데
Ende

끌리무뚜, 영혼이 머무는 3개의 호수 | Kelimutu

플로레스 섬에 처음으로 사람이 살기 시작한 때는 약 4만 년 전 와작 사람이었다고 한다. 4000년 전에 나타난 결빙으로 인해 아시아에서 떨어져 나온 섬이 누사 뜽가다. 아시아에 있던 사람들은 남쪽으로 이주했다. 우리가 알고 있는 플로레스 섬의 리오족 조상은 보비와 꼰데였다. 이 두 사람은 사가 마을에 살았으며 모께(술) 만드는 일을 하였고 그의 자식들은 인도네시아에 있는 여러 섬으로 퍼져 나가 살았다고 한다. 그들은 끌리무뚜 산 꼭대기(뱀 산)에 있는 사오 응구아(전통 집)를 만들었다. 지금까지 보비와 꼰데

루피아에 그려진 끌리무뚜 호수

마을에 남은 것들이 아직 있으며 크고 무서운 코브라가 그것들을 지키고 있다고 한다.

엔데에서 모니Moni를 지나 끌리무뚜kelimutu산으로 갈 수 있다. '끌리는 산이고 무뚜는 타다'는 의미를 가진 끌리무뚜산과 호수를 말한다. 호수는 세 개인데 하나는 위쪽에 떨어져 있고 둘은 팔짱 끼듯이 나란히 붙어있다. 호수마다 빛깔도 다르지만 담긴 영혼들도 다르다. 끌리무뚜산에 사는 리오족은 조상들의 영혼이 끌리무뚜호수에 머물고 있으며 자신들이 죽으면 영혼도 호수로 간다고 믿고 있다. 물에 물감을 풀어 놓듯이 색깔이 변한다는 걸 나는 보면서도 믿기지 않았다.

• **띠우 아따 폴로(Tiwu Ata Polo)**   이 호수는 사악한 영혼이 머문다. 질병이나 사고(자살) 또는 악행을 저지른 사람들이 죽으면 영혼이 머문다는 호수이다. 세 개의 호수 중에서 가장 가까이서 볼 수 있고 호수에 떨어진 윤슬이 아름답고 현란하다. 2010년 11월에 갔을 때 비취에서 초록색으로 변하더니 2013년 5월에 갔을 때는 검은 색을 보여주고 있었다. 바람 불어 수면이 일렁일 때마다 연두색 속살이 보일 듯 말듯하여 호수로 뛰어 들고 싶은 나의 호기심을 유발하고 관광객들의 눈길을 끌었다.

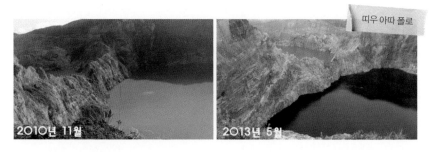

띠우 아따 폴로

2010년 11월

2013년 5월

• **띠우 누아무리 꼬빠이(Tiwu Nuamuri Koopai)**   이 호수는 젊은이와 어린이의 영혼이 머무는 호수다. 비취색을 가지고 있으며 색깔이 잘 변하지 않는다. 2010년

11월에 갔을 때 비취색이었고 2013년 5월에 갔을 때도 비취색 그대로였지만 안개가 자욱하였다.

띠우 누아무리 꼬빠이

2010년 11월   2013년 5월

• **띠우 아따 바뿌(Tiwu Ata Mbupu)**   이 호수는 마음씨가 선하고 수명을 다한 사람의 영혼이 머무는 호수이다. 2010년 11월에 갔을 때 초콜릿 색깔이더니 2013년 5월에도 역시 검은 빛이었다.

띠우 아따 바뿌

2010년 11월   2013년 5월

지혜로운 공동체 사회, 사가 전통마을 | Saga

사가 전통마을은 엔데 공항에서 차를 타고 약 3시간 정도 가면 된다. 사(sa)가[ga]의 의미는 '고요하게 흐르는 물 같으나 모든 걸 휩쓸어 갈 수도 있다'는 뜻이다. 다시 말하면 위엄 있고 존경받을 분이 있는 곳이라는 뜻이기도 하다. 사가 마을에는 역사가 묻어 있는 뚬바(창)가 있다. 이 창은 레따랑가(전쟁하던 사람)가 술라웨시 남부지역 고아부대를 물리쳤을 때 사용했던 창이라고 한다. 집마다 조상에게 제를 지내는 신전이 마련되어 있다.

또한 사가에는 인피로 만든 북이 있다고 전해 들었다. 꼭 확인해 봐야지 하면서 수첩에 적어 놓기도 했지만 사가에 갔을 때 그놈의 건망증 때문에 잊어버리고 확인을 하지 못한 것이 지금도 아쉽다.

사가 마을 사람들은 공동체가 아주 잘되어 있다. 마을에는 지도자 리아베와riabewa가 있으며 그 아래 각자 임무를 맡은 11명의 모살라끼mosalaki들이 있다. 왕국 시스템이다. 사가 마을에서 원칙으로 내세우는 건 '관습법이 우선이고 국법은 나중이다'라는 것이다. 주민들끼리 마찰이 있으면 우선 리아베와와 모살라끼들이 모여 그 일에 대하여 무샤와라musyawarah, 만장일치 회의를 한다. 회의의 결론은 어떤 문제든 화해를 먼저 시키는 것을 원칙으로 하고 있다. 가해자와 피해자는 술과 돼지 그리고 쌀 한 가마를 준비하여 음식을 장만한 후 지도자와 모살라끼 그리고 문제의 두 사람이 함께 식사를 하면서 화해하는 것으로 결론을 내린다. 그러나 이런 관습법이 통하지 않을 때는 국법을 사용하는데 동장이 일에 간섭을 하여 해결하고 그래도 문제가 풀리지 않을 경우 경찰서로 넘겨진다고 한다. 사가 마을은 커피와 코코아 재배도 하며 마을에 가면 납작한 고인돌이 많고 할머니들이 커피를 절구통에 넣고 빻는 풍경도 볼 수 있다.

03
바자와
Bajawa

　　　•••아무도 없는 산골에서 한 노인이 밭을 갈고 있었다. 까마귀가 날아가면서 접시를 떨어뜨렸다. 밭에서 접시를 주운 노인은 '이상하다. 이 근처에는 아무도 살지 않는데 도대체 이 접시는 어디에서 왔을까? 이 접시는 사람들이 살고 있는 자와에서 날아온 것이 분명하다'고 생각했다. 그 후 '빠자와Pajawa'라고 불리다가 오늘날 '바자와Bajawa'로 불리게 된 것이다. 빠Pa는 '접시Piring' 자와Jawa는 지금의 '자바Java 섬'을 말한다.

　　플로레스 섬 바자와에서 약 20km 거리에 깜뿡베나Kampung Bena가 있다. 마을 앞에 즐비한 거석으로 보아 석기시대가 그대로 보존된 마을 같기도 하다. 이 마을에는 9개의 씨족이 살고 있는데 이곳에서 최초로 마을을 형성한 부족이 베나족이므로 이곳을 깜뿡베나라고 한다.

　　베나 마을의 집 앞에 놓여 있는 거석은 매우 인상적이다. 편편한 돌을 받든 몇 개의 돌기둥과 우뚝 솟은 돌까지 거석문화의 단면을 보여준다. 베나 사람들은 집을 가장 소중하게 생각하며, 살면서 가장 큰 행사는 입주식이다. 새로

운 집을 짓거나 단장할 때 사돈의 팔촌까지 모여 축하를 해 주며 수십 마리 물소와 돼지를 잡는다. 잡은 돼지와 물소는 거석 위에 올려놓고 조상께 제를 지낸다.

마을의 집들은 한 채도 현대식이 없고 옛 모양 그대로 보존되어 있으며 주민들의 생활풍습도 그대로이다. 모계사회이며 여자들은 밭일도 하지만 주로 집에서 베틀에 앉아 천 짜는 일을 한다. 집들의 지붕이 높은 이유가 지붕 아래 조상의 혼이 머물기 때문이라고 하는 걸 보면 거석도 그렇고 동숨바 사람들과 공통점이 보인다. 그들은 가톨릭 신자들이지만 집 안으로 들어가 부엌 옆에 조상신을 모셔 놓은 신전이 있다. 신전은 별거 없다. 서까래 맨 아래 야자로 된 그릇에 쌀을 담아 올려놓고 조롱박 하나 매달아 놓았다. 벽에는 물소 뿔과 발통이 요상하게 생긴 닭도 그려져 있다. 집주인에게 설명을 듣고 제작진은 신전을 촬영한 후 밖으로 먼저 나갔다. 요상한 그림을 살펴보고 나는 그 신전의 사진을 찍었다. 세 컷 찍었을 때 흔들려서 한 장만 더 찍고 나가야지 하고 네 컷을 찍고 뒤돌아서는데 누군가 목덜미의 옷을 잡아당겼다. 무의식적으로 뒤돌아보았다. 아무도 없었다. 온몸에 싸늘한 기운이 감돌아 발을 옮기는데 신발에 뭐가 붙어 안 떨어지는 느낌이었다. 순간 나도 모르게 "엄마야!" 하고 소리 지르며 밖으로 뛰쳐나왔다. 집주인과 제작진이 깜짝 놀라 "왜 그래요?" 하고 물어도 내가 뭐라고 딱히 설명할 수가 없었다. 냉 사우나 문을 열었을 때 갑자기 냉기가 알몸에 확 닿는 그런 느낌이랄까, 아무튼 그땐 그랬다. 지금 글을 쓰면서 그때 사진을 찬찬히 들여다본다. 그런 일이 있은 후 나는 인도네시아 사람들이 신전이라고 말하면 근처는 얼씬도 하지 않았다.

베나 마을 꼭대기 바위 많은 곳에 올라서면 발아래 깊은 계곡이 살아 움직이는 것 같다. 높은 산을 보면 가슴이 뻥 뚫리고 마음은 즐거워진다. 마을 앞의 이네리Inerie 산(2,245m)과 수루라키Surulaki 산은 서로 사모하는 연인이라 한다. 1882년 이네리 산이 폭발하였다. 그때는 호수가 붉은 물이었다고 해서 가보았는데 2010년 내가 갔을 땐 노란 물이었다.

깜뽕베나

자연 속 유황온천, 소아샘물

바자와에서 차를 타고 20분 정도 가면 소아샘물 유황온천이 있다. 온천물의 온도는 약 40도 정도이며 온천물로 수영할 수 있도록 수영장도 있고 식사를 할 수 있는 식당도 있다. 온천물이 솟아나는 곳은 동그란 웅덩이고 웅덩이

주위에는 커다란 나무가 있다. 한마디로 물 좋은 정자다. 웅덩이에서 따뜻한 물이 펑펑 솟아나와 계곡으로 흐른다. 웅덩이에서 온천욕을 하는 사람도 있고 얕은 계곡에 아이들과 물놀이하는 사람들도 많다. 온천물은 유황성분이 있어 목욕 후 피부병이 깨끗해진다고 한다. 계곡으로 흐르는 물은 아래로 떨어지면서 폭포가 된다. 웅덩이에서 솟아나는 샘물은 아주 맑고 따뜻하여 손을 담그면 발을 담그고 싶고 발을 담그면 목욕까지 하고 싶어지는 충동을 느끼게 해 준다.

인도네시아 그 섬에서 멈추다

04

루땡

Ruteng

•• 단발머리의 산골소녀였던 나의 유년시절 놀이터
는 들판의 논과 밭이었다. 모내기철이면 무논에 안 빠지려고 휘어진 논두렁
을 균형 잡으며 걸어가서 흙탕물이 튀어 얼룩진 뱀딸기를 따 먹는 재미가 쏠
쏠 했다. 그때 나는 세상의 모든 논들은 다 그렇게 생긴 줄 알았다.

그 이후 경지정리가 잘된 평야를 보았고, 발리에서 수박^{Subak}이라고 불리
는 계단식 논을 보았고, 링

꼬^{lingko}를 보았다. 거미줄 모

양의 논이라 사와 라바라

바^{Sawah Laba-laba}라고 하며 그

곳 사람들은 링꼬라고 말한

다. 루땡의 링꼬! 이런 논 모

양과 시스템은 세계에서 유

일하게 이곳뿐이다. 산에서

거미줄 논 링꼬

내려온 물이 옹달샘처럼 생긴 논의 떼노(중앙)에 고여서 각 논으로 공평하게 흘러가도록 물 조절을 하게 된다.

링꼬는 공동체가 소유한 부족들의 토지로서 공동체의 수요를 충족시키기 위해 존재한다. 각 부족의 뚜아떼노(책임자)를 지정하여 링꼬의 농지분할 시스템을 운영하며 이를 '로독Lodok'이라 부른다. 로독에서 마을 원로들과의 관계 및 신분을 고려하여 결정하고 분배한다. 뚜아떼노는 그 책임을 인정받아 가장 큰 몫을 분배받는다. 토지는 부족의 관습에 따라 부족들에게 원칙대로 분배되는데 방사형 모양을 종이에 그려두고 신분에 따라 그 위에 손가락 길이와 마디로 재는 그들만의 독특한 분배시스템이다. 링꼬의 벼 수확 시기는 해마다 5월과 12월이다. 모내기와 추수하기 전 마을 사람들은 링꼬에서 함께 제를 지낸다. 제물로 돼지와 닭을 사용하며 누구든 다 참석해야 한다. 만약 참석하지 않는 사람이 있다면 관습법의 벌을 받고 흉작이 될 수도 있기 때문에

다 함께 참석한다.

링꼬에서 생산되는 쌀은 맛있기로 소문이 나 있고 가격도 비싸다. 그렇다면 쌀을 파는 사람은 부자여야 할 텐데 실은 그렇지 못하다. 그곳 농부의 집 안으로 들어서자 병든 노인이 누워 있는 방의 천장에서 닭이 꼬끼오 하며 퍼드덕거렸다. 여러 집을 둘러봐도 비슷했다. 한 집에 자녀들은 보통 5명이 넘어 10명까지 있었다. 맏이가 동생을 업어주는 등 우애가 좋은 것 같고 마을회관에 모인 사람들도 내가 뭐라 한 마디 하면 그저 깔깔깔 웃었다. 내가 이상한 건지 그들의 행복이 충만한 건지 그들이 웃으니 나도 따라서 웃게 되었다. 아, 행복해서 웃는 게 아니라 웃으면 행복해진다더니 바로 이런 말이구나. 루땡의 짠짜라에서 본 링꼬와 마을 사람들의 웃음을 오래도록 간직할 것이다.

어린 동생을 업어주는
초등학생

05
라부한바조
Labuhan Bajo

●●라부한바조는 플로레스 섬 가장 서쪽에 있는 작은 항구도시다. 코모도 섬이나 루땡으로 들어가는 문이기도 하다. 라부한바조의 아름다움은 일출이다. 일출이 떠오를 때면 주위의 섬들과 함께 비춰지는 햇살이 눈부시다. 라부한바조 항구에 가보면 바다와 함께 사는 그들을 만날 수 있다. 바뚜쩌르민 동굴도 있고 루땡의 거미줄 논 링꼬와 와에보로 전통마을에 가려면 역시 라부한바조에서 가는 게 가깝고 편리하다. 라부한바조에 갈 때는 모기약을 가져가면 좋다. 말라리아 발병 지역이기도 하다.

라부한바조

인도네시아 그 섬에서 멈추다

거울이 달린 동굴, 바뚜 쩌르민

| Batu Cermin

바뚜 쩌르민은 동굴 속에 거울이 박혀 있다고 한다. 참 희한한 일이네, 동굴 속에서 거울을 보면 어떨까, 나는 거울을 보면 꼭 묻고 싶은 말이 있었다.

동굴로 갔다. 동굴 밖은 환했는데 안은 너무 깜깜했다. 손전등 없이는 한 발자국도 걷지 못할 어둠 속이었다. 게다가 통로는 좁고 높낮이와 굴곡도 심하여 엎드려서 가다가 앉아서 가다가 했다. 깜깜한 동굴 속에 서 있으니 함께 들어온 가이드가 내 목을 조르는 것처럼 숨이 막혔다. 아니, 막힐 것 같아 괜히 숨을 내몰아 쉬기도 했다. 동굴 길이는 약 200m나 되며 천장에는 생쥐만 한 박쥐들이 살고 있었다. 밀물 때 바닷물이 동굴 속에 가득 찼던 흔적으로 조개와 물고기 모양의 화석들이 벽과 천장에 가득했다. 동굴 중간에는 커다란 바위가 놓여 있었고 그 위에는 독거미들이 스멀스멀 기어 다녔다. 드디어 어둠 속에 환하게 빛나는 게 보였다. 빨리 보고 싶어 가까이 다가가자 거울이 없어져 버렸다. 깜짝 놀라서 내가 뒤로 물러서니 거울이 환하게 크리스털처럼 빛났다.

신기하네. 왜 내가 다가갔을 때 빛이 사라졌을까?

그건 내가 빛을 가렸기 때문이었다.

어둠 속에 환하게 빛났던 그 물체!

그건 거울도 크리스털도 아닌 동굴 천장에 뚫린 작은 구멍으로 빛이 새어 들어온 것이다.

그 빛이 바위에 비쳤고 깜깜한 어둠 속에서 환하게 빛났던 것이다.

06
코모도
Komodo

　ㆍㆍ국립공원 코모도 섬은 라부한바조에서 가깝다. 코모도가 살고 있는 섬들은 여러 개가 있지만 가장 잘 알려진 섬은 코모도와 린짜^{Rinca} 섬이다. 코모도 국립공원은 1980년 설립되었으며 1986년 유네스코에 의해 세계자연유산으로 등재되었다. 최초의 코모도 국립공원은 1911년 발견된 독특하고 희귀한 코모도(학명: Varanus Komodoensis)를 보호하기 위해 설립되었으나 점차 그 보호 대상을 코모도뿐만 아니라 코모도 국립공원 내 해상 및 지상 생물체로 확대하였다. 코모도 국립공원의 현재 면적은 $1,917km^2$이다.

　코모도 섬에는 약 1,400명이 거주하고 있으며 린짜 섬에는 2개의 깜뿡(마을보다 작은 단위)이 있고 약 1,200명의 주민들이 살고 있다. 코모도 섬과 그 주변 섬에 거주하는 주민들 대부분이 비마(숨바와), 망가라이, 남부 플로레스 출신의 바자우족 어부들이다. 바자우족은 원래 거처를 옮겨 다니며 생활하기 좋아하는 부족으로 알려져 있다.

　　　　　　　　　　　　　　　　　　　　인도네시아 그 섬에서 멈추다

코모도 섬 원주민들은 아따 모 도족으로 현재까지도 코모도 섬에 거주하고 있긴 하나 타지방에서 이주해 온 사람들로 인해 지금은 그들만의 고유한 혈통, 문화, 언어가 이미 퇴색되어 버렸다. 코모도 섬에 거주하는 어부들 중 바자우족과 비마 출신들은

대부분이 무슬림교인 반면 망가라이 출신들은 대부분이 기독교인이다.

라부한바조에서 배를 타고 2시간 정도 가면 린짜 섬이다. 린짜 섬에도 코모도가 2,400마리 정도 살고 있으며 사슴 · 멧돼지 · 원숭이 · 뱀 등이 다양하다. 이 많은 동물들은 한마디로 말해서 모두 코모도의 사냥감이자 밥이다. 린짜 섬에서 다시 배를 타고 3시간 정도 가면 코모도 섬이다. 코모도 섬에는 코모도가 약 2,842마리 살고 있다.

코모도 섬에 갈 때 주의사항은 코모도는 피 냄새를 아주 잘 맡는다는 것이다. 만약 바람이 코모도가 있는 방향으로 불어주면 약 11km 거리에서도 피 냄새를 맡는 대단한 후각을 가졌다. 그래서 관광객으로 갈 때 여자들은 자신의 컨디션을 체크하고 가는 것이 좋다.

코모도 섬에는 항상 코모도 안내자와 함께 다녀야 하며 약 5m 거리까지는 안전하다. 물론 안내자와 함께 있을 경우이다. 그리고 코모도를 보러 갈 경우 시기는 9월경이 가장 좋다. 이유는 7월에서 8월까지는 코모도들이 짝짓기를 하는 때다. 짝짓는 시기에는 코모도들이 주로 숨어 있어 잘 볼 수가 없다. 코모도는 짝짓기 할 때 주로 4~5마리 정도 모여 서로 싸움도 하는데 그중에는 암컷이 1마리고 나머지는 다 수컷이다. 수컷들이 싸워서 승리한 코모도만이 암컷을 차지할 수가 있다. 짝짓기가 끝난 9월에는 코모도들을 많이 볼 수 있다.

서숨바 와인야뿌 마을

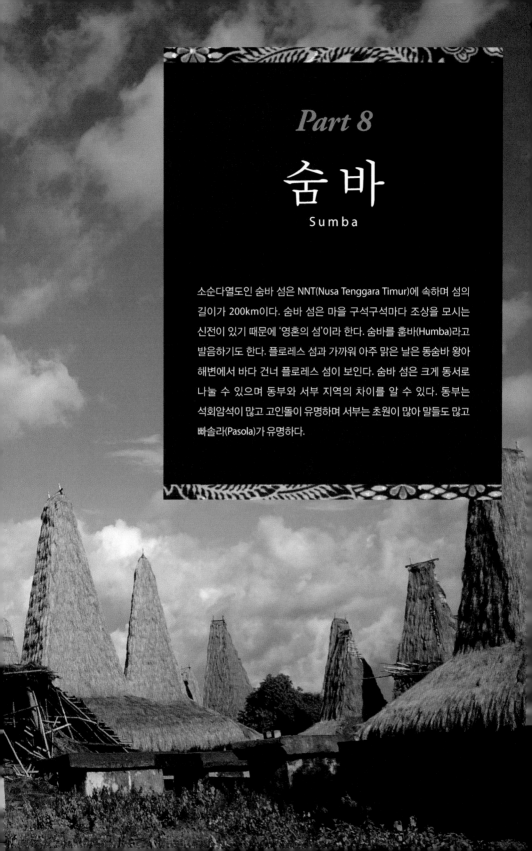

Part 8

숨바
Sumba

소순다열도인 숨바 섬은 NNT(Nusa Tenggara Timur)에 속하며 섬의
길이가 200km이다. 숨바 섬은 마을 구석구석마다 조상을 모시는
신전이 있기 때문에 '영혼의 섬'이라 한다. 숨바를 훔바(Humba)라고
발음하기도 한다. 플로레스 섬과 가까워 아주 맑은 날은 동숨바 왕아
해변에서 바다 건너 플로레스 섬이 보인다. 숨바 섬은 크게 동서로
나눌 수 있으며 동부와 서부 지역의 차이를 알 수 있다. 동부는
석회암석이 많고 고인돌이 유명하며 서부는 초원이 많아 말들도 많고
빠솔라(Pasola)가 유명하다.

숨바 사람들은 어디에서 왔을까?

최초로 숨바에 들어온 사람은 플로레스 숨바와 비마 그리고 숨바 딴중사 사르Tanjung Sasar로 들어온 와노까까인과 그의 무리들이라고 설화에 전한다. 숨바 사람들은 장례식을 할 때 라뚜가 하마양hamayang 기도문을 읊는다. 그 기도문에는 조상들이 말라카 반도에서 싱가포르, 수마르타, 술라웨시…… 마지막 사구를 통해 숨바 섬으로 들어온 자세한 경로를 말해 주고 있다. 인도네시아와 아시아 국가들의 문화가 지니고 있는 공통점을 보여주는 또 다른 힌트는 바로 거석유물이다. 숨바 섬의 대표적인 전통문화는 동숨바의 장례식과 서숨바의 빠솔라이다.

빠솔라하기 위해 출정하는 와인야뿌 사람들

숨바 섬의 빠솔라는 '창을 던지다'라는 뜻이며 말을 타고 달리면서 상대편에게 나무막대기를 던지는 전통적인 전쟁놀이다. 서숨바 사람들은 해마다 모내기 전 2~3월 중순까지 '마을 대 마을'로 주민들이 모여 라또(제사장)가 큰 말을 타고 와서 시작을 알리면 전쟁은 시작된다. 그들은 빠솔라 시작 전날 해변에서 라또가 풍년을 예고하는 냐리(바다지렁이) 잡는 의식을 한다. 뿐만 아니라 빠솔라를 할 때 사고가 나지 않도록 조상신에게 의식을 지낸 후 광장에서 라또가 말을 타고 한 바퀴 돌면서 시작을 알리면 빠솔라가 시작된다. 빠솔라를 구경하면 위험하면서도 스릴 있다.

아무런 보호 장비도 하지 않은 채 기수들이 창을 던져 사람을 맞히는 것이므로 약간의 원한과 미움을 동반하는 것으로 전해졌고 그렇게 보였다. 실제로 상대편이 던진 창에 맞으면 모두 흥분하여 소리 지르고 또 창을 잘 던진 기수는 상대편 앞 진영까지 와서 약을 올리는 행동도 하였다. 서로 격분하여 우르르 달려와 돌을 던지고 싸움이 나려고 하자 경찰이 총을 쏴 분위기가 잠잠해졌다. 빠솔라에서 죽는 기수는 마을에서 영웅이 되며 빠솔라 광장 옆에 있는 고인돌은 대다수가 죽은 기수들의 것이다. 빠솔라는 와인야뿌Wainyapu, 꼬디Kodi 와누까까wanukaka, 람보야Lamboya이다. 빠솔라를 구경하기 위해 해마다 많은 관광객들이 숨바 섬으로 몰리고 있다.

과거와 현재가 공존하는 동숨바

동숨바에는 아직도 노예제도가 있다. 유디Umbu Yudi는 움부8대 왕손이다. 올해 삼십대 초반인 그는 자와 섬으로 유학 갔을 때 노예를 데려갔다가 졸업하고 귀향할 때 노예를 데리고 왔다고 이야기했다. 물론 지금도 동숨바에는 유디에게 속해 있는 노예들이 수백 명이 된다고 한다.

숨바 섬에 노예가 있게 된 계기는 섬으로 들어오는 사람들이 차차 많아지자, 먹을 것이 부족하여 생존을 위해 터전을 옮겨 다니면서 서로 땅을 차지하려고 다툼이 잦아지고 결국 마을과 마을이 전쟁을 하게 된 것이다. 전쟁에서 패자는 승자의 노예가 되고 승자는 패자를 다스릴 수 있는 권한을 약속하였다. 만약에 노예 되기를 거부하는 패자는 관습법을 어긴 자로 그 자리에서 죽음을 면하지 못했다.

마람바Maramba, 왕족는 노예를 가지고 있으며 노예를 원(?)하는 대로 할 수 있

70 평생을 노예로 사는 띠아스 할머니

다. 딸이 시집갈 때 딸려 보내도 되고 노예를 자식에게 물려줄 수도 있다. 노예를 부를 때는 자신의 이름을 덧붙여서 부른다. 원래는 모두가 까비후(평민)였는데 지역다툼으로 인해 평민이 노예가 된 것이다. 노예(아따)는 평

인도네시아 그 섬에서 멈추다

생 주인을 위해 일하며 노예끼리 결혼하며 노예를 낳는다. 노예 자식은 태어나면서 노예가 되기 때문이다. 동숨바 룸부왕아^{Lumbu Wanga}에 가면 지금도 노예들만 살아가고 있는 마을이 있다.

우리는 결혼해서 잘 안 맞으면 이혼할 수도 있다고 생각한다. 그러나 마라뿌(조상신)를 믿고 있는 동숨바 사람들에게 이혼이란 없으며 죽어서도 부부는 합장을 한다. 일부다처 역시 무덤에서도 일부다처로 합장한다.

왕족들의 삼형제와 조카를 합하여 네 구의 합동 장례식이 있다기에 나는 제작진과 함께 동숨바 우마바라^{Umabara} 마을로 갔다. 네 구 중 가장 오래된 시신은 30년 동안 보관했다는데 도대체 왜, 어떤 장례식일까? 나처럼 장례식을 구경하고자 외국인 및 내국인들이 구름 떼처럼 몰려들었다.

장례식 날 전통복장 차림으로 손님들이 줄을 서서 수십 차례나 들어왔다. 특이한 건 여자들이 선두로 들어와 시신 있는 곳으로 들어가고 남자들은 뒤따라와서 시신이 보관된 마루에서 변호사들이 죽은 이의 생전의 일을 읊어준다.

왕족이 죽으면 하루가 지나가기 전에 시신의 팔다리에 야자기름을 바르고 팔과 다리를 접어서 모태 속의 태아모습으로 만든다. 그런 후 숨바 사람들이

화려한 왕족 장례식

노예가 지키는 왕족 시신보관소

평민 시신보관소

직접 짠 천^{ikat} 수십 장으로 감싸 의자에 앉혀 둔다. 태아의 모양을 하고 왔으므로 돌아갈 때도 그 모습 그대로 돌아간다는 뜻이라 한다.

시신은 일주일 후 입관할 장소로 옮겨 놓는다. 일주일 후 징을 울리며 까헬리바꿀^{Kaheli Bakul}이라는 의식을 한다. 그 의식을 통해서 죽은 자에게 '당신은 이제 죽었으며 가족과 이별합니다'를 알려주는 것이다. 그 다음 무덤(고인돌)에 들어가면 이 세상을 정말로 떠나 저 세상으로 간다고 그들은 믿는다.

장례식이 있기 보름 전부터 노예(빠빵강) 가족들은 어린아이까지 포함하여 모두 시체 옆에서 먹고 자며 장례식 전날은 금식을 해야 한다. 장례식 날 노예 남자들은 말을 타고 앞서고 시신은 뒤따르며 미리 준비된 고인돌 앞에 간다. 고인돌 문이 열리면 말을 탄 노예가 왕의 시신이 들어갈 때까지 고인돌무덤 위에 올라가 앉았다가 시신이 들어가고 돌문이 닫히면 그때에야 돌 위에서 내려온다. 노예는 왕의 영혼을 저승으로 데려다 주는 역할을 하는 것이다. 예전에는 왕이 죽으면 살아 있는 노예도 따라 죽어야만 했다. 그러나 지금은 왕족이 죽어도 노예를 생매장하는 풍습은 사라졌다.

왕족의 시신을 머라뿌(조상신) 집에 수십 년 동안 보관하며 노예가 시신을

인도네시아 그 섬에서 멈추다

지킨다. 시신을 오래 보관할수록 장례식은 성대해지고 고인돌도 크다. 고인돌에 새겨진 암각화들은 고인의 살아생전의 인품과 업적과 모든 것을 표현하여 동물로 새긴다. 그러나 평민들은 다르다.

시신을 보관하고 있는 왕족과 평민 두 마을에 가보고 나는 평민과 대화를 했다.

"할아버지 왜 죽은 사람과 함께 생활하세요?"

"우리는 죽은 사람과 함께 생활하는 게 아니라 조상을 모셔두고 사는 거요."

"아, 네. 무섭지 않으세요?"

"무섭긴 뭐가 무서워. 우리는 움직이고 고인들은 편히 잠자는 것뿐인데."

"저 할아버지(시신을 가리키며)는 언제쯤 장례식을 할 계획이세요?"

"이제 3년 되었으니 돈이 조금만 더 모이면 내년에는 할 계획이요."

"왜 시신을 돌 속에 묻게 되었나요?"

"땅속에 묻어두면 짐승들이 파헤치기 때문에 땅속에 묻어놓고 돌을 덮어두지요."

부부의 합장이 아주 특이하였으며 부인이 먼저 죽으면 가매장하였다가 남편이 죽으면 새로운 무덤을 하고 그때 아내의 시신도 함께 새로운 무덤에 넣는다. 손자손녀(미혼)들이 죽으면 할아버지와 합장을 하게 된다. 동숨바의 장례식을 지켜보면서 삶과 죽음은 돌문 안팎의 차이란 걸 알았다.

동숨바 깜베라Kambera 면 뼈라일리우Prailiu 마을에서는 여자들이 한 손에는 솜뭉치를 쥐고 다른 손에는 방추차를 돌려

방추차를 이용해 솜에서 실을 뽑는 작업

절구통과 할머니

가면서 가늘게 실 뽑는 작업을 한다. 이렇게 뽑은 실은 염색하여 이깟을 짜는데 이는 숨바 섬의 특산물이다. 방추차는 청동기시대에서 삼국시대까지 방적 도구로 사용되었다. 방추차를 사용하는 여인들의 모습을 본 전주대학교 송화섭 교수는 "오늘은 박물관에서나 볼 수 있는 아주 귀한 일을 숨바 섬에서 볼 수 있어 흐뭇하다"고 하였다.

요즘은 거의 보기 힘든 풍경인데 또 하나를 와잉깔리Waingkali 마을 꼭대기에서 보았다. 농기구가 없는 농민들은 농기구 대신 물소들을 논에 몰아넣고 논을 밟도록 하여 써레질을 대신한다. 모내기하기 좋도록 부드러운 논으로 다

렌짜(Renca) 제경

듬는 작업이다. 산골아이들도 재미있게 구경한다.

렌데^{Rende} 전통마을은 왕족들이 사는 마을이며 오래되고 화려한 고인돌이 가장 많다.

렌데 전통마을 왕족들의 고인돌

고인돌을 살펴보며 연구하고 취재하는 전주대학교 송화섭 교수와 나원식 PD

와인야뿌(Wainyapu) 전통마을 서숨바 가는 방법

발리 공항에서 국내선을 타고 서숨바 땀볼라까 (Tambolaka) 공항에 내린다. 그곳에서 빠솔라를 구경하고 동숨바 와잉아뿌로 가서 고인돌과 전통마을을 구경하면 좋고, 와잉아뿌에서 국내선을 타고 발리로 오면 된다.

숨바의
아름다운 해변들

왈라끄리 해변

왈라끄리(Walakeri) 해변은 청명한 가을하늘을 뒤집어 놓은 것 같다. 유혹하는 빛깔을 보며 해변에 서 있어 보았다. 바람이 불자 나뭇잎들이 팔랑거리고 부드러운 모래들은 바람과 속닥속닥한다. 휴양지로 잘 알려져 있으며 한산하고 조용하여 사색의 쉼터로 권하고 싶은 곳이다.

와누까까 해변

와누까까(wanukaka) 해변은 숨바 섬의 다른 해변과는 달리 자갈이 많고 그물과 낚시하여 물고기를 잡는 주민들의 생활상을 엿볼 수 있어 좋다.

왕아 해변

왕아(Wanga) 해변은 일출이 절경이다. 밤새도록 물고기를 잡고 새벽에 돌아오는 작은 고깃배도 있지만, 약나무뿌리를 돌로 찧어 즙을 물에 흘리면 물고기들이 약에 취해 정신이 혼미해져 물에 뜬다. 그때 쇠창으로 물고기를 찔러 잡는다. 흐르는 물이라 빨리 잡지 않으면 물고기들이 정신을 차리고 바다로 가버린다.

뿌루깜베라 해변
뿌루깜베라(Puru Kambara)는 동숨바에서 유일하게 아름다운 석양을 볼 수 있는 해변이다. 일몰의 위치는 달에 따라 조금씩 변한다.

쿠팡공항

Part 9

쿠팡
Kupang

쿠팡은 자카르타에서 직항노선일 경우 4시간 20분 걸리며 시차는 자카르타보다 1시간 빠르다. 누사뜽가라 띠무르의 수도이며 서티모르다. 밤낮의 기온 차이가 심하다. 쿠팡이란 도시이름은 쿠팡시가 되기 이전 포르투갈의 왕이었던 라이 꼬빤(Rai Kopan)의 이름에서 가져온 것이다. 쿠팡 하면 사산도, 사산도 하면 쿠팡이다. 쿠팡에는 로떼(Rete) 사람, 사부(Sabu) 사람, 띠모르(Timor) 사람과 자와 사람들이 살고 있다.

삐딸 마을의 소금 파는 아이들 | Pital

쿠팡의 삐딸 마을에 가면 거무스름한 소금을 깨끗한 천일염으로 가공하는 작업장에 가 볼 수 있다. 그들은 움막집에 소금자루를 가득 쌓아 놓았다. 자루 속의 소금은 거무스름하고 굵은 입자들이다. 하지만 물에 넣고 6시간 끓이면 거무스름하던 소금이 녹아서 작은 입자의 하얀 소금이 된다.

소금 파는 아이들

하얀 소금이 만들어지면 엄마들은 이파리로 만든 가방에 소금을 담아 아이들 손에 쥐여준다. 그러면 아이들은 소금을 들고 거리로 나가 "소금 사세요, 소금 사세요" 하며 지나가는 행인들에게 판다. 소금뿐만 아니라 아이들은 막대

인도네시아 그 섬에서 멈추다

기 양쪽 끝에 야채를 매달아 어깨에 메고 다니면서 팔기도 했다. 소금을 팔러 다니는 아이들은 동티모르 아이들이다.

나뭇잎 악기 사산도 | Sasando

쿠팡에 가 본 사람은 비행기에서 내리자마자 사산도 동상을 본 적이 있을 것이다. 쿠팡의 아이콘으로 상징되는 이 사산도는 복조리 모양이며 나무이파리로 만든 현악기이다. 지금은 사라졌지만 5,000루피아 뒷면을 살펴보면 쿠팡의 전통 문화를 수놓은 이깟 위에 살포시 놓여 있다.

사산도를 제작하는 오에베로^{Oebelo} 마을로 찾아갔다. 입구 간판에는 인물(?) 사진과 사산도 그림이 있었다. 문 열고 들어서자 크고 작은 사산도들이 즐비하게 진열되어 있었다. 우리를 반겨 주는 분이 바로 간판에 있는 그분이었다. 인사를 나누었는데 그분이 3대째 사산도 제작과 연주를 하러 세계로 다닌다는 제르미아스^{Jeremias} 연주가였다.

사산도 연주를 듣고 싶어 한국에서 왔다고 했더니 제르미아스가 기꺼이 들려주겠다며 누군가를 불렀고 방에서 젊은이가 나왔다. 그 젊은이는 예술가의 아들이었다. 그는 매끄럽지 않는 어투로, "사산도는 특허 낸 작품이기에 아버지만 제작, 연주할 수 있고 연주를 들으려면 관광객들은 성의표시만 하면 되지만 방송제작진은 그들이 원하는 예술의 값어치(?)를 지불해야 카메라에 담을 수 있고……."

"그래서 어떻게 해요?"

사산도

사산도를 연주하는 사람들

처음에 아들은 조금 뻐기는 것 같았다. 나는 아들과 계속 말을 주고받았다.

"우리는 외국방송에 여러 번 출연도 했고……."

하면서 아버지가 요구했던 금액보다 2배나 더 불렀다.

예술을 돈으로 계산할 수는 없지만 예술인의 노동력은 계산해야 하기 때문이다. 우리는 연주자와 악기를 중간에 놓고 소시장의 송아지 값을 흥정하듯 예술가의 노동의 값어치에 대해 계산기 두드리듯 대화를 나눈 후 촬영을 시작했다.

아버지는 아들에게 집 앞에서 자라고 있는 론따르나무pohon lontar에 올라가 잎을 하나 따라고 했다. 론따르 잎을 오랫동안 건조하여 부드럽게 한 후 오므리고 중간에 대나무 기둥을 넣어 만들었다. 대나무에 가는 줄을 여러 개 설치하여 손가락으로 줄을 튕기면 떨리면서 경음 고음을 낸다. 그리고 론따르 잎

인도네시아 그 섬에서 멈추다

은 그 음을 모아 아름다운 선율로 울려 퍼지게 하는 역할을 한다.

사산도는 로떼 섬의 말로 '떨림'을 뜻하며, 7세기경부터 로떼 섬에서 사용되었는데 제르미아스 씨가 1985년경 쿠팡으로 옮기면서 쿠팡의 사산도가 되었다고 자세히 설명했다. 그리고 제르미아스 씨는 5살 때부터 아버지께 사산도 연주를 배웠고, 이제 71세가 되었으니 다섯 번째 아들에게 물려주고 싶다고 했다. 사산도 제작과정을 보여준 후 론따르나무에 올라갔던 아들과 함께 사산도 연주를 했다.

사산도는 하프·피아노·기타 세 악기의 소리를 조합한 전통악기로서 현대음악도 전통음악도 모두 소화해내는 악기다. 사산도의 연주를 듣고 있으면 빨려 들어가는 느낌을 받게 된다. 대나무로 만들어진 몸체에 가느다란 32개 줄이 있고 3단계 음으로 되어 있다. 몸체를 가려주는 이파리를 병풍처럼 펼치면 은은하게 소리를 모아주고 이파리를 접어주면 소리가 밖으로 퍼져 나갔다.

쿠팡을 떠나오던 날 아침, 어제 그 부자가 사산도 연주하는 모습을 TV를 통해 보았다. 그저 피고 지고 바람에 날리고 길바닥에 뒹굴다가 썩어 거름이 되든지 아니면 불에 타버릴 한낱 나뭇잎일 뿐인데, 대단한 악기로 쓰임받는 걸 보니 이 세상 모든 만물이 소중하다는 걸 다시 한 번 느끼게 된다.

네 개의 계단, 오에네수 폭포 | Oenesu

오에네수 폭포는 높이가 10m이며 4단계로 되어 있다. 7헥타르가 되는 이 부드러운 폭포수는 흘러 아래로 떨어지는데 중간에 웅덩이처럼 되어 있는 곳에 물이 고였다가 다시 흐른다.

오에네수 폭포

돼지숯불구이

폭포 주위에 고목들이 잔뜩 서 있어 시원하며 편안함을 느낄 수 있다. 이 폭포
는 우기에는 물의 양이 좀 많고 건기에도 폭포가 마르는 일은 없다. 쿠팡 시내
에서 약 17km 거리이며 자동차에서 내리면 곧바로 폭포수가 보인다.

밤부꾸닝의 돼지숯불구이

쿠팡 시내에 위치한 밤부꾸닝(노란 대나무)에 가면 석쇠에 돼지 갈비와 고기
를 얹어 놓고 나무밑동이로 불을 피운 후 고기를 불꽃과 연기로 익힌다. 돼지
고기를 길게 썰어서 굵은 석쇠에 올려놓고 그 위에 렁껭나무 잎가지들을 얹
어 놓고 굽는다. 돼지고기 특유의 냄새를 없애주고 육질을 연하고 부드럽게
해준다고 한다. 인도네시아 전국을 다녀보았지만 어디에서도 이런 돼지갈비

를 맛볼 수 없었다. 쿠팡에 갈 기회가 있는 분들에게 꼭 권하고 싶다. <SBS 모닝와이드> 제작진이 한 번 먹어보고 맛있어 다시 찾은 갈비집이라는 걸 말해두고 싶다.

렁껭나무 잎가지를 올린 돼지숯불구이

구눙아삐 섬의 박쥐동굴

Part 10

말루쿠
Maluku

말루쿠는 이집트 피라운 왕국과 동시대 때부터 존재하였던 주로 인도네시아에서 가장 오래된 역사를 지니고 있는 것으로 알려진다. 페르시아, 메소포타미아, 이집트 등에서 발견된 비석에서는 말루꾸를 "지상낙원과도 같은 동양의 부유한 왕국으로 정향나무, 금 그리고 진주가 넘쳐나는 곳"이라고 설명하고 있다.

말루쿠라는 이름이 유래된 데는 두 가지 설이 있다. 하나는 왕들의 섬 또는 나라라는 의미의 아랍어 'Al-Mulk'에서 유래되었다는 주장으로 말루쿠 자체가 수많은 작은 왕국들로 이뤄졌기 때문이라는 것이다. 또 하나는 본토라는 뜻의 'Moloko'라는 떠르나떼어(말루꾸 내 옛 왕국의 전통언어)로부터 유래되었다는 주장이다.

현재 말루쿠 내 인구수는 160만 명에 육박하며 주민의 절반은 이슬람교를 나머지 절반은 기독교를 믿고 있다. 이러한 구성으로 인해 말루쿠에서는 종교 갈등으로 인한 폭력사태가 빈번히 일어났으며 위험한 지역이라는 불명예를 얻기도 했다. 하지만 2002년 이후로는 상황이 많이 호전되어 암본 시내 중심지에 발리와 함께 세계 평화의 징이 세워진 인도네시아 내 유일한 지역이 되기도 하였다.

　••암본 시는 인도네시아 말루꾸 주의 수도이다. 이 도시는 '암본 마니세Ambon Manise'라는 이름으로 더 유명한데 '아름다운 암본'이라는 뜻이다. 암본은 말루꾸 열도에서 중심을 차지하고 있는 가장 큰 도시이며 현재 말루쿠 열도 내에서 항구, 관광 및 교육의 도시로 일컬어진다.

　암본은 1513년 처음 포르투갈의 정착과 함께 발전하기 시작했다. 그 후 1575년 포르투갈군은 호니 뽀뿌 고원을 노사 세뇨라드 아눈시아다Nossa Senhora de Anunciada라 일컬었으며, 현재 '페랑이' 또는 '꼬따 라하'라고 불리는 요새를 만들기 위해 지역주민들을 동원했다. 당시 요새를 만들기 위

암본

해 동원됐던 주민들은 소아라고 불리는 작은 마을을 형성하였으며 이것이 바로 지금 암본시의 기초가 되었다고 알려진다.

조상들이 만들어준 기름을 기념하는 뿌꿀사뿌 | Pukul Sapu

뿌꿀사뿌는 암본 섬의 마말라와 모렐라 두 마을에서 하는 큰 행사이다. 뿌꿀사뿌는 매년 이슬람교의 명절인 이둘피뜨리가 끝난 일주일 후에 열린다. 행사 전날 여러 장정들이 아렌나무의 잎줄기를 따서 회초리로 사용한다.

왜 뿌꿀사뿌를 하게 되었을까?

예전에는 이슬람사원을 지을 때 사원 기둥으로 사용할 나무에는 못을 쓰지 못하도록 되어 있었다. 어느 날 홈을 파서 나무를 연결하는데 아무리 맞추어도 연결이 되지 않아 우스땃(이슬람사원 지도자)이 연결할 부문에 기름을 바르고 흰 천을 덮어 기도를 한 후 천을 들어 보았더니 나무가 연결되어 있었다고 한다. 그 후로 조상님들이 만든 신비로운 기름을 사용하며 기념하는 일로

정한 것이 오늘날 뿌꿀사뿌다. 나무를 연결시킨 그 기름은 육두구와 정향을 사용하며 그 마을의 왕과 장로들만의 의식을 지내기 때문에 효험이 있다. 뿌꿀사뿌를 하면 회초리로 몸을 때리기 때문에 피부가 찢어지고 피가 난다. 그 찢어진 피부에 마말라 기름을 바르면 상처가 깨끗하게 낫기 때문에 매년 조상들이 만드는 기름의 효능을 기억하자는 데서 유래된 것이다.

  마말라 마을에서는 뿌꿀사뿌가 시작되기 전에 알리푸라Alifura 춤을 춘다. 이 춤의 기원은 네덜란드 식민지 때로 거슬러 올라간다. 세람 섬 산속에서 살던 사람들이 배고픔을 견디지 못해 산을 내려와 배를 타고 암본 섬에 도착했다. 그곳이 마말라이다. 마말라의 왕은 굶주린 그들을 받아주었고 세람 산속 사람들은 그때부터 마말라 마을에서 살게 되었다. 그 고마움으로 해마다 마말라에서 행사가 있을 때 조상들을 기억하며 알리뿌라 춤을 추게 된 것이다. 그래서 알리뿌라 춤을 출 때는 산속에서 생활했던 그때 그 차림으로 치장한다. 온몸에 검은 칠을 하고 손에 창을 들고 남녀노소가 함께 알리푸라 춤을 추면서 그들은 눈물을 흘렸다. 조상들의 행적을 낱낱이 읊으니 모두들 훌쩍거리며 눈물을 흘렸다. 지금은 산속에 가서 살 수는 없지만 산속에 있었던 그때의 일을 생각하면 가슴이 아프고 감회가 새롭다고 늙은 노인이 말했다.

뻘리따 광장의 세계 평화의 징

암본 뻘리따 광장에 2009년 11월 25일 세계평화의 징이 세워졌다. 암본에 다시는 폭동이 일어나지 않길 기원하며 세계 평화의 징이 세워진 뻘리따 광장의 입장료는 5,000루피아이며 저녁나절이나 밤에 많은 사람들이 나들이하는 공간이다. 암본 시내 중심가에 위치한다.

암본의 요새, 암스테르담

암스테르담 요새의 본 건물은 프란시스코 세라오의 지휘 아래 1512년 포르투갈군이 무역창고로 사용하기 위해 최초로 건축하였다. 그 후 1605년 네

세계 평화의 징
암본의 암스테르담
BENTENG AMSTERDAM

덜란드가 암본 섬을 점령하며 해당 건물을 요새로 사용하기 시작하였다.

17세기에 들어서서 네덜란드는 동인도회사를 설립하였고 말루꾸를 중심으로 인도네시아에 대한 지배권을 거머쥐기 시작했다. 네덜란드는 1637년 당시 까삐딴 깍잘리를 선두로 수년간 네덜란드와 맞서던 히뚜 왕국을 제압하기 위해 무역창고였던 건물을 요새로 사용하였다. 1642년 제라드 총독은 해당 요새에 대한 확장공사를 시작하였으며, 1656년 암본 주민들 사이에서 악독한 인물로 명성이 자자했던 아놀드 총독이 공사를 완공하고 암스테르담 요새라 불렀다.

이 요새는 일반 집과 유사한 구조로 건축되었다. 전체 3층으로 이루어진 이 건물은 병사들의 숙소로 사용되었던 1층은 바닥이 적색 벽돌이지만, 장교들의 회의장소로 사용되었던 2층과 적의 움직임을 감시하기 위해 사용되었던 3층의 바닥은 나무와 쇠로 만들어졌다. 건물 가장자리에는 관측 탑이 있다. 이 요새는 1900년 초 네덜란드군이 폐허가 된 상태로 남기고 간 후 큰 소나무 한 그루가 자라기 시작하여 1991년 7월부터 인도네시아 문화교육부에서 3년에 걸쳐 해당 나무를 옮기는 등 대대적인 보수공사를 진행하였다.

삔뚜꼬따

암본의 게이트, 삔뚜꼬따

| Pintu Kota

암본 시내를 벗어나서 라뚜할랏Latuhalat 해변에 가면 삔뚜꼬따가 있다. 절벽에 일부러 문을 만들어 둔 것처럼 되어 있다. 해변으로 가서 콘크리트 계단을 내려가기

인도네시아 그 섬에서 멈추다

전 절벽에서 신선한 바람을 느낄 수 있어 기분이 상쾌해질 것이다. 절벽 주변
에는 맹그로브 숲과 야자나무들이 바람과 함께 그곳에 간 당신을 맞이해 줄
것이다. 그래서인지 연인들이 많이 찾는다. 절벽 아래 바다로 내려가서 사각
형 문을 통과해 보면 암본 안팎의 모습을 볼 수 있어 멋지다. 사각형 문을 통
과하면서 바닷물 속에 있는 산호초도 보고 마음껏 즐길 수 있는 공간이며 주
변에서는 야자수와 맛있는 암본의 간식을 판매하고 있다.

02
반다네이라
Banda Neira

암본 섬에서 반다네이라 섬까지 14인승 소형비행기로 55분 걸린다. 한 시간 거리에 비행기 요금은 285,000루피아(30달러)로 상당히 싸다. 정부에서 운영하기 때문이다. 옛말에 싼 게 비지떡이라고 했던가, 싼 대신 결항이 운행보다 더 잦을 때가 많다. 날씨 때문이기도 하고, 정부에서 귀빈을 위해 사용하면 결항하기도 한다. 그러다 보니 승객은 날씨가 맑아서 비행기가 운행되도록 간절히 기도해야만 한다. 주민들은 차라리 요금 제대로(?) 받고 스케줄대로 움직여 달라고 하는 목소리가 높다.

반다네이라 섬 주변에는 7개의 섬이 있다. 무인도가 하나 있고 나머지 6개 섬은 사

반다네이라 섬으로 가는 소형비행기

인도네시아 그 섬에서 멈추다

비행기에서 내려다본
반다네이라 섬

람들이 살고 있으며 거의 향신료 생산과 농업, 어업으로 살아간다. 7개 섬 중
에서 가장 중심지에 놓여 있고 향신료 무역항의 노른자다. 유럽인들이 건너
오기 전 반다 섬(7개 섬을 통틀어 반다라고 한다)은 오랑까야(부자)들이 이끄는
과두정치 사회의 체계를 지니고 있었으며 반다인들은 인도네시아 열도 내 활
동적이고 독립적인 무역 상인들의 역할을 담당하고 있었다. 반다 섬은 향신
료 섬이라고 해도 과언이 아니다. 그 당시 반다에서 생산되는 향신료(육두구,
정향)는 유럽시장에서 돌풍적인 인기를 끄는 고가 제품들이었다. 향신료의
질 또한 최고였다. 향신료는 아랍상인들에 의해 베네치아 상인들에게 상당한
가격으로 거래되었다. 상인들은 유럽인들이 직접 찾아 나설 것을 염려하여
고의로 정확한 원산지를 알려주지 않았다고 한다.

　반다네이라 섬에는 네덜란드 사람들이 살던 저택과 학교, 교회, 관공서와
향신료를 지키기 위한 요새, 무덤 등 역사의 흔적이 고스란히 남아 있고 그때
의 관공서를 지금 그대로 사용하고 있다.

암본 섬과 반다 섬을 잇는 여객선 띠다르 | TIDAR

　띠다르 여객선은 암본 섬과 반다 섬을 왕래할 수 있는 가장 중요한 交통수단이다. 여객선은 인도네시아 전국을 다니기 때문에 보름 만에 반다 섬을 경유하여 파푸아로 갔다가 사흘 후 반다 섬을 거쳐 암본으로 간다. 여객선은 수천 명까지 승객을 태울 수 있으며 암본 섬까지는 9시간 걸린다. 여객선은 객실을 갖추고 있다. 선실은 8층으로 되어 있고 식당부터 가라오케, 그리고 의류와 기념품 판매까지 하도록 부대시설이 갖춰져 있다. VIP실과 일등실, 이등실이 있다. VIP실에는 2개의 침대와 TV, 화장실, 옷장까지 갖춰져 있다. 사실 이름만 VIP지 청결상태는 그리 좋지 않다. 잠자려고 누웠는데 얼굴이 가렵기에 손을 갖다 대었더니 귀뚜라미 같은 바퀴벌레가 휙 날아갔다. 늘 보는 바퀴벌레인데 아가씨도 아닌 아주머니가 굳이 "어머나" 하고 놀라면서 소리칠 필

요는 없다. 여행이란 다른 환경에 내가 뛰어들어 가는 것이니까 놀랄 것 같으면 오히려 바퀴벌레가 더 놀랐을 것이다. 띠다르 여객선을 타면 서민들의 애환을 에누리 없이 보게 된다. 객실 앞에 아기를 팔베개하고 잠자는 엄마, 좁은 통로에서 노트북 펴 놓고 담배 피우는 청년, 계단 옆에서 밥 먹는 아저씨……. 다른 사람들 생활 속에 내가 뛰어들어 보는 게 여행이고 그런 사람들을 보면 VIP에 있는 내가 부자가 된 것 같아 흐뭇하고 여행이 신난다.

반다네이라 호텔은 마당이 수족관

어제 비행기를 두 번 갈아타고 오늘은 배를 9시간이나 탔던 탓에 많이 고단했다. 그런데도 이른 새벽, 잠에서 깼다. 안 깨고 싶어도 밖에서 들려오는 소리 때문에 저절로 깼다. 몇 년 전만 해도 시골로 가면 새벽마다 커다란 마이크로 들려오는 머스짓(이슬람사원)의 코란소리가 포근하게 자는 새벽잠을 깨웠다. 시간이 지날수록 인도네시아화가 되어 가는지 이제 코란소리 정도쯤은 귀에 익숙해 잘 들리지도 않고 잠을 깨지도 않는 편이다.

그런데 호텔 마당에서 들려오는 소리를 방 안에 누워서 듣고 있자니 유년 시절 고향에서 듣던 싸리 빗자루로 마당 쓸던 소리와 리듬이 같았다. 여름날이면 아버지는 가늘고 길게 뻗은 싸리비로 쓱싹쓱싹~ 마당을 쓰셨다. 일찍 일어나는 날은 내가 마당에 물을 뿌려 풀풀 날아다니는 먼지를 잠재우기도 했다.

그 때문일까? 빗자루 소리에 나는 방 밖으로 나가지 않을 수가 없었다. 문득 하늘나라 계시는 아버지가 그립기도 하고 고향생각도 나고 또 그때 그 빗자루인가 눈으로 확인도 해 보고 싶어, 세수도 하지 않은 채 방 밖으로 나왔다. 호텔 마당에 있는 고목 아래서 밤새 떨어진 낙엽을 쓸어 모으는 빗자루를 바라보았다. 빗자루와 마당 쓰는 사람은 달랐지만 눈 감고 들으면 소리는 같았다. 빗자루가 점점 멀어지면서 마당 쓰는 소리도 약해지고 마당도 점점 깨끗해져 갔다.

호텔은 섬 끝자락 해변에 자리 잡고 있어 그런지 간밤에 기온이 서늘하더니 아침바람이 제법 선선해 어깨가 움츠러들었다. 내가 방으로 들어가려는데 어디에 숨어 있던 낙엽인지 노란색 이파리 하나가 또르르 굴러갔다. 색깔이 예뻐서 따라갔더니 마당 둑 너머로 굴러 떨어졌다.

마당 둑에 걸터앉아 발을 내리자 발이 바닷물에 잠긴다. 바닷물이 어찌나 맑은지 노란 낙엽이 물속으로 가라앉는 게 보였다. 이상하다. 아까 분명히 노란색 이파리가 하나였는데 수십 개가 가라앉고 있었다. 자세히 내려다보니 노란색 이파리가 아니라 노란색 열대어들이 떼 지어 우르르 몰려다녔다. 우와~ 술라웨시 섬 마나도 부나켄 섬의 바닷속이 아름답지만 스노클링 해야 수중 세상을 구경할 수 있었는데 반다네이라 섬에서는 다이빙이나 스노클링을 하지 않아도 이렇게 열대어를 볼 수 있다는 게 나는 정말 신났다. 아니, 즐거워서 죽을 것만 같다.

노란색에 흰줄무늬가 그려진 열대어 두세 마리가 말미잘 촉수 사이로 숨었다 나왔다 숨바꼭질하고 있었다. 그 옆에는 키 작은 산호 하나에 새끼손톱만 한 청색 열대어 10마리 정도가 떼를 지어 놀고 있었다. 움직임을 가만히 바라보면서, '아, 이런 걸 평화롭다 하는구나'라고 생각했다. 고개를 옆으로 돌리자 긴 바늘의 성게도 있고 푸른색 불가사리도 있고 그 위로 노르스름한 빛깔의 막대기가 움직였다. 나는 눈을 떼지 못하고 막대기를 따라가면서 '어머머, 막대기 움직인다' 하고 혼잣말로 중얼거렸다.

"그건 나팔물고기라고 해요."

"나팔?"

그러고 보니 인도네시아 전통악기 나팔과 흡사하다. 처음 보는 물고기도 신기하지만 그에 걸맞은 이름도 재미있다. 그런데 누구지 하며 고개를 돌리

인도네시아 그 섬에서 멈추다

자 아까 마당 쓸던 아저씨가 빗자루를 들고 지나가다가 나를 바라보고 있었다. 중학교 때 생물시간에 무척 궁금했던 일을 지금이라도 해 보려고 나는 아저씨가 든 빗자루를 달라고 해서 받아들었다. 빗자루 막대기로 말미잘을 여기저기 건드렸다. 노란색의 흰줄무늬가 그려진 열대어들은 도망가고 말미잘은 촉수를 움츠렸다.

어제 암본서 만났던 경찰이 반다네이라 섬에 가면 인도네시아 바다 중에 최고로 아름다운 바다를 물속에 들어가지 않고도 볼 수 있다고 했을 때 믿기지 않았는데 이제야 실감난다.

나는 호텔방으로 들어갔다. 이렇게 아름다운 곳을 함께 보고 즐기지 못하는, 내가 사랑하는 사람들에게 이야기로 들려주고 싶어 노트북을 들고 나왔다.

호텔 앞바다 500m 거리에는 자그마한 화산섬이다. 화산섬과 호텔 사이로 뿍뿍(물고기도 잡고 교통수단으로 타고 다니는 통통배)이 지나가면서 주민들이 손까지 흔들어 준다. 뿍뿍이 사라지고 바닷속을 들여다보니 열대어들은 여전히 평화롭고 놀고 있다.

다음 날은 내가 먼저 일어나 비질하는 소리를 기다렸다가 소리가 들려 마당으로 나갔다. 이곳에 머무는 보름 동안은 날마다 금속성 알람이 아닌 마당 쓰는 비질 소리를 들으며 하늘에 계신 아버지랑 대화도 나누고 활기찬 아침을 맞아야겠다.

반다네이라 섬은 암본 섬에서 여객선을 아홉 시간이나 타야 한다. 비행기가 있긴 있다. 일주일에 한 번 혹은 5일에 한 번 정도로 운행되는데 낡은 경비행기라서 날씨와 국가공휴일에 많이

반다네이라에 있는
작은 화산섬

좌우되기 때문에 표를 샀다고 매번 탈 수 있는 게 아니고 운이 좋아야 탈 수 있다고 생각하면 된다. 여객선 운행은 고정적이지만 2주일에 한 번 다니므로 고립되기 쉬운 스케줄이다.

암본 섬은 자카르타에서 직항으로 5시간 반 정도의 시간이 소요되며 시차도 자카르타보다 두 시간 빨라 한국과 같다. 교통수단이 불편하다 보니 외부에는 그리 알려지지 않은 섬으로 찾아오는 관광객은 극소수에 불과하다. 반다네이라 섬은 인도네시아 향신료(육두구 정향) 재배단지이고, 향신료 역사가 고스란히 보존되어 있다. 인도네시아를 지배했던 네덜란드 정부에는 황금의 섬이었다. 반다네이라 섬에 속해 있는 이웃 섬은 9개이다. 섬마다 특이한 풍경을 가지고 있어 매우 아름다운 곳이며 섬을 둘러싸고 있는 모든 환경이 숫처녀처럼 청순한 섬들이라고 자신 있게 말한다.

반다의 전통 배, 꼬라꼬라 | Kora-kora

배 맨 앞자리에 선 남자가 지휘하듯이 손을 흔들며 외쳤다.

"사뚜 두아 띠가(하나 둘 셋)."

"후아 후아 후아."

배의 폭이 좁고 길이가 기다란 배에 서른 명의 장정들이 앉아서 노를 젓기 시작했다. '후아' 하면서 저마다 가장 힘을 낼 수 있는 구령을 붙이는데 대부분이 후아(영차)라고 말했다. 폭이 좁고 긴 배는 '꼬라꼬라'이다. 반다 사람들이 큰 행사 때만 사용하는 전통 배인데 반다어로 '벨랑'이라고도 한다.

노 젓는 모습을 가까이서 보면 노가 힘차게 저어질 때 하얀 물이 동시에 쏟아지는 순간은 어디에서도 볼 수가 없었다. 배가 속도를 내면 낼수록 앞사람 노에 떨어지는 물이 흩날리며 떨어졌다. 뒷사람은 그 물을 맞고 얼굴을 찡그려가면서 노를 젓는 장면이 상당히 역동적이다. 길이가 15m이고 폭은 장정

꼬라꼬라

두 사람이 앉아 겨우 노 저을 수 있는 좁은 폭이지만 꼬라꼬라가 힘차게 달리는 모습은 마치 한 마리의 용이 되어 바다에 노니는 것 같다.

반다 사람들의 전통 배인 꼬라꼬라가 자랑스러운 행사가 된 역사적인 이야기가 있다. 예전에 반다 섬에 살던 왕이 암본 섬으로 나갈 때 꼬라꼬라를 타고 갔다. 앞뒤로 두 대의 꼬라꼬라가 왕을 호위하면서 무사히 암본까지 왕을 모셨다. 그리고 돌아올 때 서로 빨리 오려고 했던 게 지금의 꼬라꼬라가 된 것이다. 꼬라꼬라 행사는 정기적이지는 않지만 특별한 이벤트로 손꼽히고 있다.

반다의 가장 큰 섬, 버사르

반다 버사르는 반다 열도에 위치한 가장 큰 섬으로 총면적이 2,800헥타르에 달한다. 이 섬은 네이라 섬과 구눙 아삐 섬을 동남풍과 파랑으로부터 보호하고 있는 큰 벽과 같은 형상을 이루고 있으며 다음과 같은 수많은 관광지를

반다 버사르 섬

보유하고 있다. 반다 버사르 섬에는 육두구와 아몬드가 숲을 이룬다. 네덜란드 식민지 때 심어진 나무들이라 아몬드는 수백 년의 역사를 가지고 있다. 아몬드나무는 엄청난 고목이 되어 나무를 잘 타는 인도네시아 사람들도 올라갈 수가 없다. 익어서 저절로 떨어지는 아몬드를 줍는다. 아몬드 크기는 대추만 하고 호두처럼 껍데기를 벗기면 딱딱한 껍질이 또 있다. 호두보다 딱딱하여 반다 버사르 사람들은 아몬드를 도끼로 깨 껍질을 깐다. 그 속에 호박씨보다 두 배 더 큰 갈색 알맹이가 있다. 입에 넣고 씹으면 잣 맛이다. 반다 버사르 사람들은 아몬드를 우리가 호두나 잣을 사용하는 것과 같이 사용한다. 판매도 하는데 맛은 고소하고 값은 싸다. 1kg＝10달러.

살구를 똑 닮은 육두구 | Pala

맨 처음 나무에 달린 육두구를 봤을 때 살구인 줄 알았다. 살구나무 집에서 자란 내가 속을 정도로 모양과 색깔이 살구와 같다. 크기도 비슷하고 익으면 노르스름한 게 꼭 살구 같아 주인 없을 때 하나 따서 살짝 깨물어 봤더니 생감처럼 떫은맛이 혀에 휘감겼다. 육두구는 껍질에서 끈적거리는 액이 묻어나며 옷에 묻으면 잘 지워지지 않기 때문에 껍질을 깔 때 나무 아래서 조심히 까야 한다. 그런 후 꽃이라 불리는 붉은색 속껍질을 까서 말리고 속의 단단한 껍질을 까서 알맹이를 건조시킨다. 생선이나 고기 요리를 할 때 사용하고, 갈아서 고기 완자를 만들 때 섞어서 사용하기도 한다. 붉은 꽃껍질은 갈아서 스파게

인도네시아 그 섬에서 멈추다

티 재료로도 쓴다. 껍질은 바닷물에 여러 번 우려내서 설탕절임으로 만들어 간식으로 먹거나 바닷물에 며칠 담가 두었다가 설탕을 넣고 푹 끓여서 수액을 생수와 희석하여 마신다. 특히 바다 일을 하고 추위를 느낄 때 육두구 주스를 마시면 좋다. 육두구로 잼과 시럽을 만들기도 한다. 육두구는 반다 섬에서만 연간 600만 톤 이상이 생산된다.

떨어진 육두구 줍는 아이

정향

상쾌하고 달콤한 정향

| Cengkeh

정향Cengkeh은 룬 섬에서 아주 많이 생산되고 있다. 유일하게 꽃봉오리를 쓰는 향신료로 자극적이지만 상쾌하고 달콤한 향이 특징이다. 인도네시아에서는 담배 재료로도 사용되며 치과에서는 마취제로도 사용한다. 수확시기는 6~8월이며 꽃이 피기 전에 주로 수확한다. 반다 사람들은 정향의 꽃봉오리 모양 그대로 건조하여 음식의 향신료로 많이 사용한다.

나무에 올라가서
정향 따는 아저씨

반다의 유일한 화산 섬, 구눙아삐

구눙아삐는 작은 섬이다. 반다에서 유일하게 활동하고 있는 화산으로 1988년 5월 9일 마지막으로 폭발하였다. 그 폭발 후 오히려 이 화산의 전경은 더욱 아름다워진 것으로 알려졌다. 이 화산에는 여러 종류의 조류와 사슴, 멧돼지 등이 살고 있으며 산 정상에서 아름다운 바다, 붉은 노을과 함께 어우러지는 멋진 반다 열도의 풍경을 감상할 수 있다. 이 화산은 아직 잘 보존된 해저 정원을 지니고 있으며 다이빙·스노클링 등의 해상 스포츠를 위해서도 안

구눙아뻬

성맞춤이다. 구눙아뻬 서쪽에는 해저 온천이 있다. 스노클링을 하면 산호초
와 열대어들이 다니는 걸 볼 수 있으며 바닷물이 따뜻하여 온몸이 나른해짐
을 느낄 것이다.

구눙아뻬는 반다네이라섬에서 보트를 타면 5분 거리에 위치한다. 보트로
구눙아뻬 전체를 돌아보는 것도 좋다.

화산폭발로 인해 화산쇄설물의 흔적이 마치 써레질하여 논을 갈아엎어 놓
은 흙덩이들이 산자락에 놓여 있는가 하면, 바다와 접해 있는 바위들은 신이
조각해 둔 것처럼 섬세하면서도 자연스럽고 부드러운 빛을 지녔다. 나이테처
럼 층층이 결을 이루며 손으로 만지면 매끄러운 작은 바위조각들이 으스러지
며 떨어진다.

바위 사이사이에 조그마한 동굴이 있다. 천정에는 수십 마리의 박쥐들이
살고 아침나절 햇살이 수면에 떨어져 동굴 안을 비춘다. 바람에 물결이 일렁
거리면 동굴 안은 환해져 골고루 볼 수 있다.

네덜란드
식민 지배의 흔적들

네덜란드 동인도회사 VOC

VOC(네덜란드 동인도회사)의 건물은 1611년 초대 총독인 얀 피터스존 쿤Jan Pieterszoon Coen 총독에 의해 그 공사를 시작하여 1621년에 완공되었다. 이 화려한 궁은 타발레꾸 언덕 위에 위치하고 있으며 향후 자야카르타(현 자카르타)에서 이와 동일한 구조의 건물이 조금 더 큰 사이즈로 건축되었으며 해당 건물은 현재 인도네시아 대통령궁으로 사용되고 있다.

바다 쪽을 향하고 있는 창문 유리에 보면 19세기에 살았던 러트거 마르텐스 샤와빙Rutger Martens Schawabbing, 당시 35세이란 남자가 적었다는 글귀가 남겨져 있다. 러트거는 1832년 4월 12일에 죽은 것으로 알려졌으나 남겨진 글귀에는 1832년 9월이라 적혀 있어 지역 주민들은 해당 방에 귀신이 있다고 믿고 있다. 이 건물 중에 한 창문은 바다를 바라보고 있는데, 이 창문에는 35살의 러트거 마르텐스 샤와빙이 19세기에 적은 흔적이 아직 남아 있다. 정확한 날짜는 1831년 9월 1일, 그리고 네덜란드인들이 남긴 글에서는 그는 1832년 4월 12일에 세상을 떠났다고 한다. 이후로 이 방에 귀신이 있다고 사람들은 이 방을 스뽁 방Kamar Spok이라 한다. 이 건물은 항구에서 걸어서 10분 정도 거리에 위치하고 있다.

나사우 요새(Benteng Nassau)

나사우 요새는 '베네덴 성'으로도 불리며 네덜란드군의 반다 열도 점령 초기 때 세워졌다. 나사우 요새는 버호벤Verhoeven 제독에 의해 1607~1609년 세워졌으며 전에 있던 포르투갈군의 요새를 허물고 난 뒤 같은 장소에 세워진 것으로 유명하다. 버호벤 제독은 1609년 반다의 독립군의 습격으로 죽임을 당하여 나사우 요새의 완공을 직접 목격하지 못했다고 한다. 본 요새는 현재 그 잔해만 남아 있으며 벨기카 요새 쪽으로 향하고 있는 비밀지하통로가 있다. 이곳은 항구에서 5분 거리에 위치하고 있다.

빠리기 란떼 추모비

1612년 동인도 총독으로 부임되어 얀 피터스존 쿤 총독은 3년 전 자신이 모셨던 버호벤 제독의 암살사건에 대해 복수하기 위해 80~100명의 일본 사무라이군을 사병으로 데리고 왔다. 훈련된 살인마들이었던 일본 사무라이 6명은 1621년 5월 8일 반다 지역 내 44인의 주요 인물에 대한 암살을 시도하였다. 운 좋게 도망친 와띠메나와 와까띠따 2명을 제외하고 나머지 42명은 신체가 5부분으로 절단되어 발견되었으며 이 학살사건을 추모하기 위해 지방정부에서 세운 것이 빠리기 란떼 추모비이다. 이 추모비는 벨기카 요새 건너편 나사우 요새 바로 옆에 위치하고 있으며 항구에서는 5분 거리에 있다.

벨기카 요새

벨기카 요새는 1611년 피터 총독에 의해 세워졌으며 길고 두꺼운 벽으로 둘러져 있다. 요새 안에는 5개의 옛 대포가 남아 있다. 400년이 넘는 역사를 자랑하는 이 요새는 그 독특한 구조로 인해서 '5 꼭대기의 왕관'이라고 불리며, 가장 아름다운 17세기 건축물로 지정되었다. 요새 안으로 들어가면 당시 군인들이 사용했던 숙소와 무기 창고, 감옥 등이 있으며 마당에 구멍이 만들어져 있는데 그 구멍과 벤땡 나싸우에 있는 구멍과 이어지는 통로였으나 지금은 막혀 있다. 마당의 구멍 앞 정사각형으로 된 네 곳이 있는데 그곳은 장대를 박아 놓고 장대 끝에 사람 머리를 매달아 두었다고 한다. 이 요새는 네덜란드 정부에 의해 몇 번의 보수공사를 한 후 세계문화유산으로 유네스코에 등재되었다. 이곳은 항구에서 5분 거리에 위치하고 있다.

모하마드 하타(Mohammad Hatta)의 유배지

VOC 건물로부터 50m 떨어진 곳에는 1936~1942년 동안 네덜란드에 의해 모하마드 하타(인도네시아 초대 부통령)가 유배되었던 집이 있다. 1945년 인도네시아 초대 부통령이 되었던 하타가 유배된 이곳은 현재 공개 박물관으로 활용되고 있다. 집 마당에는 앤티크 자기가 자리하고 있으며 하타가 당시 마을 아이들에게 네덜란드어와 인도네시아어로 국어와 수학을 가르칠 때 사용하였던 책상 및 칠판에 글씨가 그대로 남아있다. 하타의 개인 유품 또한 양호한 상태로 보존되어 있으며 이 집은 벨기카 요새 옆에 위치하였다. 책상과 걸상이 하나로 붙어 있었다. 책상에 앉아 칠판을 바라보니 나의 초등학교 시절이 떠올랐다.

그레자 뚜아(Gereja Tua)

그레자 뚜아는 1852년 당시 있었던 홀렌디쉐 커크Hollandische Kerk, 네덜란드 교회가 지진으로 무너지자 그를 대체하기 위해 새로 세워진 교회다. 이 옛 교회는 네이라 섬의 자랑거리다. 네덜란드 식민시기에는 오전 예배는 네덜란드어로, 오후 예배는 말레이어로 진행되었다고 한다. 이 교회는 나사우 요새 근처 정원에 세워져 있으며 VOC의 직인을 교회 정문에서 발견할 수 있다. 교회 정문부터 내부까지 총 28개의 무덤이 있으며 그중 얀 피터스존 쿤의 무덤도 있다. 이 옛 교회에서 사용되는 종과 동일한 종은 현재 세계에서 4개만 남았다고 전해지며 이곳은 항구에서 5분 거리에 위치하고 있다.

빌럼 3세(Willem Ⅲ) 동상
빌럼 3세 동상은 VOC의 절정기 당시 네덜란드에서 나이라 시로 운반되었다. 이 동상은 총독궁과 VOC 집무실 등에서 발견되며 궁 정문에서 동으로 만들어진 2개의 사자동상과 함께 세워져 있었다. 1950년 네덜란드와의 갈등이 고조될 당시 주민들에 의해 바다로 버려진 적이 있다.

03
떠르나떼
Ternate

포르투갈군의 요새, 똘루꼬

  떠르나떼에 위치한 똘루꼬 요새는 현재까지 보존되고 있는 포르투갈군이
세웠던 요새이다. 이 요새에서 할마해라 섬, 띠도레 섬, 말따라 섬의 아름다
운 경치를 구경할 수 있다. 이 요새는 수면 620cm 위치에 세워져 있으며 바다
쪽으로 뻗은 구조이다. 포르투갈 특유의 건물 구조 특성을 지니고 있으며 보
통 화살촉처럼 생긴 기타 식민지 요새들과 달리 둥근 모양을 지니고 있다. 왼
쪽 벽에 위치한 입구에는 아직도 그 의미를 파악할 수 없는 모양이 새겨져 있
으며 똘루꼬 요새는 1540년 프란시스코 세라오(포르투갈)에 의해 건축되었
다. 그 후 1610년 피터 보스(네덜란드)에 의해 보수되었다. 홀란디아 요새 또는
산또 루까스라고도 불리며 떠르나떼 도시의 중심지인 북부 쪽에 세워졌다.
1661년 네덜란드 식민정부는 술탄 마다르샤에게 병력 160명과 함께 이 요새
에 거하는 것을 허락한 적도 있다. 똘루코 요새는 두파두파동에 위치하였으
며 떠르나떼 술탄의 움직임과 떠르나떼 내 통상흐름을 한눈에 파악할 수 있

인도네시아 그 섬에서 멈추다

기 위해 좀 높은 암벽에 세워
진 것으로 추정된다. 똘루코
라는 명칭은 떠르나떼 제10
대 지도자인 까이찔 똘루코
의 이름에서 따왔다고도 하
나 해당 술탄은 1692년에야
지도자 자리에 등극하였으므
로 이는 논리적이지 못한 가

똘루꼬 요새

설일 뿐이라고 한다. 네덜란드의 기록에 따르면 1610년 네덜란드인이었던
피터 보스가 포르투갈이 과거 사용하였던 해당 요새를 수리하여 당시 떠르나
떼를 침공하려 노력하던 스페인에 대항하는 데 사용하였다고 한다.

똘루꼬 요새에서 바다를 바라보면 인도네시아 지폐 1,000루피아 뒷면의
그림인 호수를 볼 수 있다.

미스터리를 간직한 가말라마산 | Gamalama

가말라마산은 해발 1,715m이며 2012년 9월 6일 화산폭발한 적 있다. 활화
산인 가말라마산은 강한 미스터리한 산이며 세계에서 가장 오래 된 정향나무
가 있다. 매년 4월이면 사람들은 가말라마산을 돌면서 떼르나떼의 평화를 기
원하는 꼬롤리kololi의식을 행한다.

KBS 특집'요리, 인류' 프로그램의 사전조사 하러 나는 그 대단한 고목인 정
향나무를 찾아 나섰다. 산중턱 마을에서 동행자 오십대 후반 아저씨와 초등
학교 4학년을 만나서 산을 등산하는데 동행해 줄 것을 부탁하였고 나 셋이서
등산했다. 이틀 전 암본에서부터 무리한 일정으로 인해 그날 나의 컨디션은
좋지 못한 상태로 등산하기엔 무리한 일이었으나 등산했다.

가믈라마산

맨 앞에 아저씨 그 다음 나 뒤에는 초등학생이 걸었다. 산은 깎아 놓은 절벽처럼 가파르고 길이 없었다. 나는 아저씨 발을 보면서 열심히 뒤따라 걸었다. 한참 걷다가 걸음을 멈추었다. 그곳에 내가 찾던 정향나무가 있었다. 고목이 된 정향나무를 '쩡께 아포 1세대' 라고 부른다. 쳐다만 봐도 세월의 흔적을 느낄 수 있으며 나는 가슴이 설레고 기분이 좋았다. 그 나무의 수명은 약 420년 정도 되었고 몸통둘레는 약 4.4 미터이고 뻗은 나뭇가지의 넓이가 약 37미터라고 한다. 몸통은 고사목이 되었으나 뻗어 나온 가지에는 잎이 달렸고 정향꽃도 피어 있었다. 그 나무가 건강하고 울창할 때 일 년에 무려 600kg의 정향을 수확하였다고 한다. 좀 쉬었다가 올라갔으면 하는데 아저씨는 출발하였다. 올라갈수록 산을 정복하는 쾌감보다는 으슬으슬 한기가 들고 다리에 힘이 빠져 나는 주저앉았다. 숨을 내몰아쉬자 목과 코에서 뜨거운 바람이 나왔다. 고뿔이라는 말이 떠올랐다. 아저씨는 산을 잘 타는 시골사람이라 발걸음이 빨랐다. 나는 쩡께 아포 2호까지만 갔다가 하산해야지 하는 생각에 계속 올라갔다. 앞서 가던 아저씨는 이미 약 1,000미터 올라왔으니 조금만 더 올라오면 오솔길이 있어 수월하다며 고함질렀다. 학생과 학교 이야기 나누다가 고개를 들자 빨리 오라고 나무 사이로 손짓하는 아저씨가 보였다. 일어서서 몇 발자국 걷는데 속이 메스껍고 어질어질했다. 이러다가 정향나무는 고사하고 호텔로 돌아갈 수도 없을 것만 같았다. 학생은 나를 대신하여 아저씨 내려오라고 고함질렀다. 내려 온 아저씨는 고목 정향나무 못 본 것을 나보다 더 아쉬워했다. 정향나무를 찾아 온 사람이 있던지 묻자 자신이 안내자인데 외국의 기자들이 다섯 번 정도 찾아 온 것 외엔 아무도 없었다고 한다. 이처럼 남들이 잘 보지 못하는 귀한 나무를 봤으니 나는 기분 좋은 하루였다.

호텔방에서 약 먹어도 한기가 들고 저체온증상을 느꼈다. 내일 자카르타로 돌아가기 위해서 나는 극약 처방인 민간요법인 마사지와 *끄록깐*^{kerokan}을 받았다. 끄록깐은 몸에 바람이 들어 몸살 기운이 있다하여 등에 오일을 발라 등에 줄을 긋듯이 동전으로 죽죽 긁어 준다. 동전으로 긁으면 몸에 든 바람이 빠져나가기 때문에 낫는다고 한다. 평상시에 하면 아파서 견딜 수가 없지만 몸살기운이 심할수록 붉은 자국이 진하고 아프지가 않다. 다음날 아침이 되니 살 것만 같았다.

뒤늦게 알았지만 떠르나떼 사람들은 함부로 가말라마산에 등산하지 않으며 항상 짝수로 등산해야 아무 탈이 나지 않는다고 했다. 한 가지 주의할 점은 등산하기 전에 산에게 안전을 위해 먼저 기도해야 한다고 말했다. 믿거나 말거나 한 이야기 같지만 그곳에 가면 그곳 사람들의 말을 따르는 것도 인도네시아를 여행하는 지혜라 말하고 싶다.

420년 된 고목 정황

와메나 다니족 여인과 아이

Part 11
파푸아
Papua

뉴기니라고도 불리는 파푸아 섬!
서쪽은 인도네시아 영토로 파푸아 주이며 동쪽은 파푸아 뉴기니의
지역으로 나뉜다. 매의 형상을 닮았다는 이 파푸아 섬에는
인도네시아에서 가장 높은 자야위자야 산(4,844m)이 있으며,
열대나라 인도네시아에서 유일하게 만년설의 형태로 눈을 만나볼 수
있다.

파푸아는 인도네시아에게 굉장히 의미 있는 큰 섬으로 1945년
독립 이후 네덜란드와 인도네시아가 서로 파푸아에 대한 권리를
주장하는 상황이 발생하였다. 인도네시아는 파푸아를 국내영토로
주장하였으나 네덜란드는 자신들의 과거 식민지 영토로 보고
파푸아를 별도의 국가로 독립시켜야 한다고 주장하였다. 양자회담
및 유엔을 통한 조정까지 시도하였으나 결국 합의를 보지 못해
수카르노 초대 대통령이 1961년 트리코라 작전을 선포하며 외교,
군사, 경제 등 다방면의 노력으로 파푸아에 대한 권리를 주장하며
전면전을 불살랐다. 그 결과 1969년 파푸아 주민들의 선거를 통해
파푸아는 인도네시아의 영토로 인정되었다. 당시의 작전수행을
위한 인도네시아군의 군사기지가 술라웨시 마까사르(Makassar)에
위치하였으며 현재 마까사르에는 이를 기념하는 만달라 기념비가
세워져 있다.

초기에 인도네시아의 한 주로서 이리안자야라 불렸으나 수하르토
대통령 시절부터 현재까지 풍부한 자원에도 불구하고 주민들의
처참한 생활수준이 계속 이어지자 지역사회들의 분리주의 움직임이
종종 감지되고 있다. 이에 이리안자야라는 명칭 자체가 인도네시아
정부에서 마음대로 지어버린 이름이라는 불만이 표출되자, 주민들의
성난 마음을 가라앉히고자 인도네시아 정부가 다시 파푸아로 명칭을
변경하였다.

다니족들이 살고 있는 와메나

파푸아의 자야뿌라를 거쳐 와메나로 가면 곳곳에 우뚝 솟은 교회건물들이 자와 섬에서 보는 것과는 전혀 다른 풍경들이다. 발리엠은 다니족들이 많이 살고 있으며 1954년에 미국 선교사들이 복음을 전파한 곳이다. 내가 다니던 인도네시아 교회에 한 친구가 있는데 그 친구의 아버지가 파푸아에서 선교하다가 등에 창을 맞아 순교한 분이었다.

얼마 전 모 방송에서 원시인들을 만나고 싶다기에 솔직히 나도 그런 사람들을 만나고 싶어서 머라우케^{Merauke} 쪽으로 연락하였더니, 당신들 사는 곳에서 헬기를 타고 숲 속으로 들어가든지 아니면 스피드보트를 타고 6시간 들어가면 원시생활을 하는 부족을 만날 수 있을 것이라 했다. 이렇듯 우리가 생각하는 그런 원시생활을 하는 부족들이 이제는 극히 드물다. 그러나 아직도 존재한다는 게 중요한 것이다.

오지 사람들과 대화를 나누면서 들은 것인데, 장성한 자식들이 도회지 생

다니족들의 바뚜바까르
(돼지, 고구마 숯불구이)

활을 하다가 고향으로 돌아오면 불편했던 생활을 탈피하고 싶어 부모와 고향을 문명에 길들이기 때문에 오지는 발전할 수밖에 없다고 한다. 이제까지 만난 오지의 부족들은 저마다 독특한 문화를 가지고 있었다. 그러나 이제까지 만났던 부족들보다 더 원시부족들이 산다는 정보를 얻으면 나는 내일이라도 당장 말라리아 예방약을 한 움큼 먹으면서 그곳으로 떠날 것이다.

다니족의 남성들은 꼬떼까Koteka를 의복 대신으로 사용한다. 꼬떼까는 하림으로 만든 남자 팬티 역할을 하는 조롱박이다. 남성의 중요한 부분을 조롱박 속에 넣어 아래로 처지면 걸어 다니기가 불편하고 또 박이 깨질 수 있어 꼬떼까를 위로 올려 끝을 줄로 연결해 허리춤에 묶는다. 그들은 집 앞에 꼬떼까

꼬떼까를 만들고 있는 남자

를 만드는 하림을 심어 가꾸고 있었다. 만드는 방법은 잘 익은 하림을 불에 익혀 속을 파낸 후 사용자의 사이즈에 맞도록 잘라서 보름쯤 햇볕에 말린 후 사용하는 것이다.

다용도 가방, 노껜 | Noken

노껜은 와메나 여자들에게서 떼어놓을 수 없으며 다용도로 쓰이는 가방이다. 사용자의 용도에 따라 가방도 되고 포대기도 되고 위에 옷을 입지 않을 땐 노껜이 옷처럼 따뜻하게 느껴진다고 한다. 노껜은 결혼할 때 받은 것이라 소중하기 때문에 머리에 걸고 다닌다. 여자들은 잠잘 때만 빼고 노껜을 손에서 놓지 않는다. 살리Sali는 여자들이 입는 치마다. 나무줄기를 말린 후 비비 꼬아서 하나의 줄을 두고 줄기를 엮어서 만든 치마다. 살리는 점점 보기 드물겠지만 노껜은 어디에서나 흔하게 볼 수 있는 와메나 다니족 여자들의 필수품이다.

노껜을 머리에 쓰고 다니는 여자

지까위 마을의 짠 옹달샘 | Jikawi

물이 짜다면 반드시 바닷물이다. 그러나 산꼭대기에서 흘러나오는 옹달샘의 물이 짜다. 와메나에서 30분 정도 차를 타고 가면 지까위 마을이 나온다. 그 마을에서 2시간 정도 산으로 올라가면 짠 물이 흘러나오는 옹달샘에 도착한다. 다니족들과 함께 올라가면 그들은 등산을 평지 걸어가듯이 가볍게 올

물이 짠 옹달샘

라간다. 덩달아 빨리 올라가다가 기진맥진할 수가 있다. 신기한 건 옹달샘의 물은 짜고 바로 옆 계곡에도 물이 흐르고 있는데 그 물은 짜지 않다는 것이다. 맨 처음 그들이 짠물을 발견하였을 때 어떻게 하면 물을 가져다 사용할까 생각하다가 바나나줄기를 소금물에 절여 요리할 때 소금 대신에 사용하면 좋겠다는 아이디어를 생각했다고 한다.

호나이에서 하룻밤

조용한 숲 속에서 하룻밤 민박을 하는 건 귀한 체험이자 경험이자 추억이다. 다니족의 집은 움막집이고 공동체 생활이었다. 움막집 안에 들어섰더니 밤에

발리엠의 호나이

날씨가 추우면 불을 피워서 천장에는 그을음이 가득했다. 바닥에는 얇고 부드러운 갈대를 깔아 두었기 때문에 불편해서 나는 잠시라도 앉아 있을 수가 없었다. 그러나 그들이 손님들을 위해 마을 어귀에 특별히 준비해 둔 숙소가 있다. 호나이라고 하는데 한마디로 멋지다!

호나이 안에는 등산객들이 사용하는 텐트를 쳐 두었기에 잠자는 데 불편하지 않다. 그곳에서 하루 정도는 깊숙한 산속에서 들려오는 동물들의 울음소리를 들으면서 여름밤을 보내야만 참다운 여행이 될 것이다. 멀리 여행하러 갔는데 그저 마을을 둘러보고만 오지 말고 그 사람들이 밭에서 고구마 캐는 것과 노껜을 그물로 사용하여 강에서 물고기 잡는 것, 그리고 그들이 손으로 떠먹고 목욕하는 차가운 그 강물에 손발이라도 담그면서 그들과 눈빛으로 대회를 나눠 보는 것도 좋다고 생각한다.